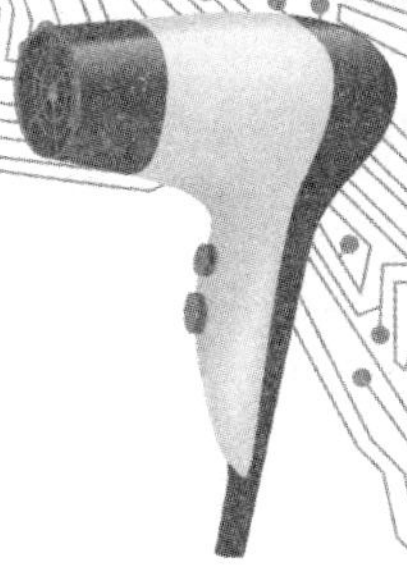

神奇的世界系列

奇妙的科学

插图版

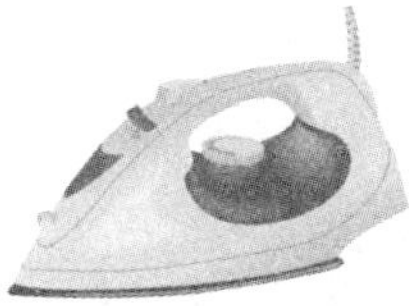
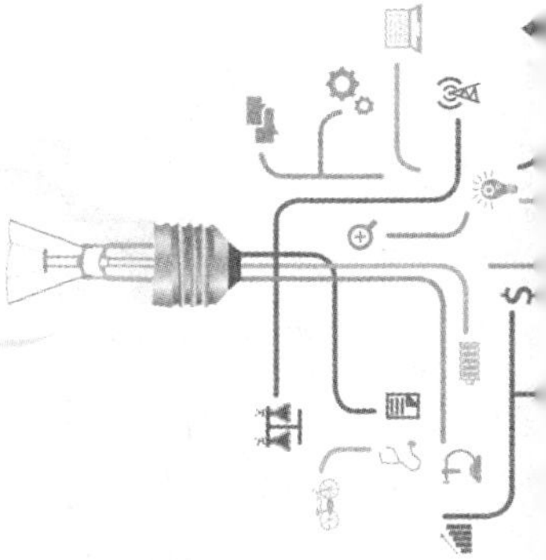

朗悦洁　编著

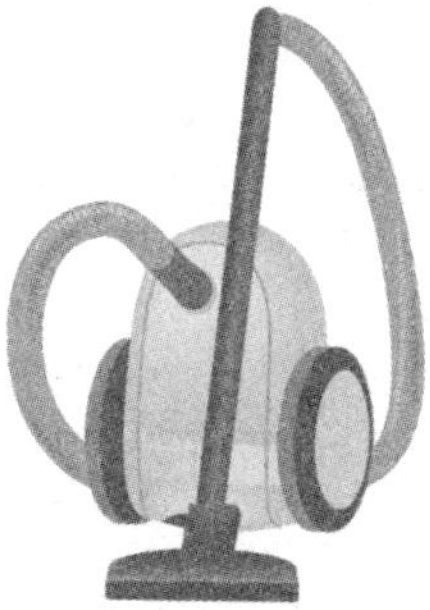

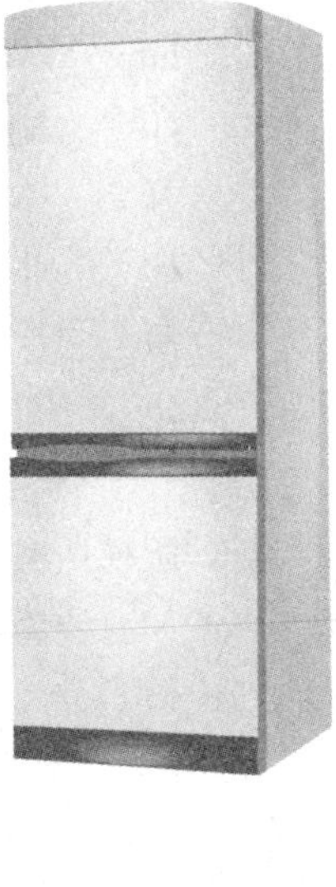

武汉出版社
WUHAN PUBLISHING HOUSE

（鄂）新登字 08 号

图书在版编目（CIP）数据

奇妙的科学 / 朗悦洁编著 . -- 武汉：武汉出版社，
2015.5（2018.10 重印）
ISBN 978-7-5430-8968-6
Ⅰ . ①奇…　Ⅱ . ①朗…　Ⅲ . ①科学知识 – 青少年读物
Ⅳ . ① Z228.2
中国版本图书馆 CIP 数据核字（2015）第 028359 号

书名：奇妙的科学

编　　著：朗悦洁
本书策划：李异鸣
特约编辑：周乔蒙
责任编辑：付梦珊
封面设计：华夏视觉
出　　版：武汉出版社
社　　址：武汉市江岸区兴业路 136 号　邮　　编：430014
电　　话：(027) 85606403　85600625
http: //www. whcbs. com　　E-mail：zbs@whcbs. com
印　　刷：北京市文林印务有限公司　　经　　销：新华书店
开　　本：787mm × 1092mm　　1/16
印　　张：9.25　　　　字　　数：136 千字
版　　次：2015 年 5 月第 1 版　2018 年 10 月第 2 次印刷
定　　价：49.80 元

前言

你知道吗？夜半鬼火、隐身法术、电闪雷鸣、超级清洁工、狮吼功……当你看到这些惊心动魄的科学现象时，脑海中有没有想过为什么，有没有想去探索个中的奥妙？

你知道吗？声音也能够作标尺测量长度，鱼儿在水中也会隐身，你知道这是怎么回事吗？

你知道吗？不动声色、飞檐走壁、可乐喷泉、水上漂、吸星大法……你知道这些科学现象是怎么回事吗？

你知道吗？你知道大发明家爱迪生是如何打败自己的高材生助手的吗？

各种各样的科学知识是非常有趣的，与我们的生活密切相关。无线电、手机信号……我们的生活与它们息息相关。

这本关于科学知识的小百科全书，将带你走进奇妙无穷的科学世界，了解暖水瓶、微波炉、高压锅这些生活用品和家用电器的知识，探寻变幻莫测的科学世界。

翻开这本书，你将看到无数匪夷所思的科学现象扮演的一个个生动而鲜明的角色，上演的一幕幕奇趣横生的科教片。

目录

第1章

❤ **走进奇妙的科学世界 / 001**

★ 不动如山——鸡蛋稳稳落入杯子中 / 002
★ 不动声色——鱼缸巧换水 / 005
★ 飞檐走壁——氢气球能飞多高 / 008
★ 可乐喷泉——人间的另一道美景 / 011
★ 水上漂——水珠漂浮在水面上 / 014
★ 无敌黑纱掌——黑色物体的神奇功能 / 017
★ 吸星大法——看不见的武林高手 / 020
★ 小李飞刀——准确飞进碗里的硬币 / 023

第2章

❤ **揭开声音世界的神秘面纱 / 027**

★ 耳听八方——水倒满了吗？ / 028
★ 顺风耳——古代的士兵枕着箭筒睡觉 / 031
★ 不动如山——江湖绝学腹语术 / 034
★ 声音长短——用声音做标尺 / 037
★ 狮吼功——千里之外听声音 / 039
★ 无声胜有声——听不见的声音 / 042
★ 无形乐器——用瓶子奏响美妙的音乐 / 045

第3章

❤ **揭开奇妙的光世界 / 049**

★ 电闪雷鸣——家用电的厉害之处 / 050

★ 光线归一——螺丝旋状的灯泡 / 053
★ 幻影绝技——奇幻的魔术表演 / 056
★ 火焰神掌——用冰也能够取火 / 059
★ 一擦灵——火柴的谜底 / 062
★ 奇迹时刻——一滴水做放大镜 / 065
★ 夜半“鬼火”——令人毛骨悚然的“鬼火” / 068
★ 隐身法术——水中的鱼儿也会隐身 / 071

第4章 **❤ 亲手制造神秘的科学现象 / 075**
★ 超级清洁工——清除讨厌的水垢 / 076
★ 大力神功——让你站不起来 / 079
★ 降龙十八掌——成为武林高手 / 082
★ 破镜重圆——切不断的冰 / 085

第5章 **❤ 科学家发明的小故事 / 089**
★ 测量容积——用最简单的方式解决难题 / 090
★ 看到自己——镜子的发明 / 093
★ 让你看得更清楚——近视眼镜的发明 / 096
★ 千里传音——电话的发明 / 099
★ 懒人的成就——洗衣机的发明 / 102
★ 退伍兵的杰作——微波炉的发明 / 105
★ 逃亡过程中的收获——高压锅的发明 / 108
★ 最伟大的成就——抽水马桶的发明 / 111
★ 小孔成像——照相机的发明 / 114
★ 呼风唤雨——人工降雨的发明 / 117

第6章 ❤ **科学小魔法与人类的生活 / 121**

★ 常温不减——家家使用的保暖瓶 / 122

★ 鸡蛋生鸭——不可思议的现象 / 125

★ 撬动地球——人人都是大力士 / 127

★ 铁砂掌——刚出锅的鸡蛋不烫手 / 130

★ 炫动奇迹——被莫名其妙地抛出去 / 133

★ 一点通——奇妙的摩擦起电 / 136

第一章　走进奇妙的科学世界

不动如山——鸡蛋稳稳落入杯子中

浩浩刚刚看完杂技表演回来，就迫不及待地对爸爸说："爸爸，杂技太刺激了，那些杂技演员太厉害了，我从来没有见过那么厉害的表演。"

爸爸问："都是什么样的表演啊？"

浩浩说："杂技演员把桌上的台布一下子抽掉，然而台布上放着的瓶子、玻璃杯等等很多的东西，都原封不动地停在原处，并没有被台布掀到地上去。哇，真是太刺激了！"

爸爸笑着说："这一手看起来很厉害，是一个绝活，其实要做到这点并不难，只要有熟练的技巧就行。"

浩浩说："难道你也可以做？"

爸爸说："那需要反复地练习，不过我能做一个简单的、类似的杂技。"

爸爸从茶具上拿下来一个玻璃杯，倒上半杯水，又从书房拿出了一张硬纸片、一只做针线活的顶针，紧接着又从厨房的饭橱里拿出一个熟鸡蛋。

同学们，看书的同时你也可以来做一个类似的小实验，先把倒上水的玻璃杯平放到桌子上，用硬纸片盖住水杯，硬纸片上面放顶针，最后再把鸡蛋竖在顶针上。

摆好之后，认真地想一想，如果把硬纸片抽掉，鸡蛋会不会掉在桌子上？

可能你觉得会，但是我告诉你，不会。

你只要用手指迅速地在硬纸片边上一弹，或者用很快的速度抽掉硬纸片，这个实验就完成了。硬纸片飞出去之后，鸡蛋和顶针一块儿掉到水里，水减弱了鸡蛋下落的冲击力，避免了蛋壳破碎。

为什么鸡蛋恰好掉在杯子里面呢?

这是由于鸡蛋有惯性，鸡蛋原来是静止不动的，如果没有外力推动它，鸡蛋还会保持静止不动。硬纸片被弹走的时间非常短暂，对鸡蛋的作用力也比较小，鸡蛋还没有来得及获得较大的速度，硬纸片已经滑出去了，失去了支撑的鸡蛋就垂直地落入杯中。

这个实验可能有点难，那就做一个更简单的实验，用手掌托着一张硬纸片，上面放一枚硬币，用另一只手的手指把硬纸片一弹，硬币就掉在手心里了。

浩浩说："这是什么原理呢？"

这是利用物体的惯性定律，惯性又称牛顿第一定律，一切物体在不受外力作用时，总保持匀速直线运动状态或静止状态。物体具有保持原来匀速直线运动状态或静止状态的一种性质，我们把这个性质叫作惯性。

在自然界中，一切物体都具有惯性，惯性是物体的固有属性。惯性是物体的一种属性，而不是一种力。所以不能说“受到惯性”，只能说“由于惯性”或“具有惯性”。

比如，纸飞机离开手之后，还能继续飞行，就是由于惯性。

奇趣小知识：

我们常常看到跳远运动员在起跳之前，往往会助跑一段距离，就是利用了惯性原理。在助跑的过程中，速度不断加快，最后跃身而起，在惯性的作用下，会飞出一段很远的距离。

生活中，抖掉雨衣上的雨水或者衣服上的灰尘；将锤柄在石头上碰几下，锤头就套紧在锤柄上了；将盆里的水泼出去，同样是利用惯性原理。

不动声色——鱼缸巧换水

星期日的时候，爸爸交给浩浩一个任务，让他把家里的鱼缸彻底清洗一下，清理鱼缸内的粪便、杂物等，换换绿色植物、水，给金鱼一个好的环境。

浩浩看了看鱼缸，说："这太麻烦了，要一桶一桶地将水往外舀，再一桶一桶提到墩布池倒掉，太慢了。"

爸爸笑着说："你可以动一下脑筋，想想有没有快一点的方法啊。"

浩浩说："能有什么方便快捷的办法？"

爸爸说："你可以自己上网去查资料。"

浩浩打开电脑，认真地查起来。果然，他发现了一个非常实用的方法，这个方法是利用虹吸原理，利用这个原理，可以解决给金鱼缸换水的麻烦了。浩浩非常高兴，决定付诸行动。

爸爸在一旁提醒，"你打算怎么操作呢？得先想明白了。"

浩浩点点头，拿出自己的本子，将步骤列出来：

1.先去小区里的自选超市购买一根足够长的塑料水管，价格不贵，可以一直使用；

2.将塑料水管的一端埋入鱼缸，不要让它露出鱼缸水面，另一端接到家里距离鱼缸最近的水龙头，套紧。需要注意的是，这个龙头下面一定要有排水池。另外，要保证塑料水管正好套住水龙头，粗了细了都不行，一定要刚刚好。

3.打开水龙头往鱼缸里注水，同时摁住鱼缸一端的水管，千万不能让它露出水面；

4.当看见塑料水管里面的水流入鱼缸后，就可以把水龙头关上，把塑料水管拔下。这时，鱼缸里的水就往水池排出，一直到把鱼缸里的水排完。

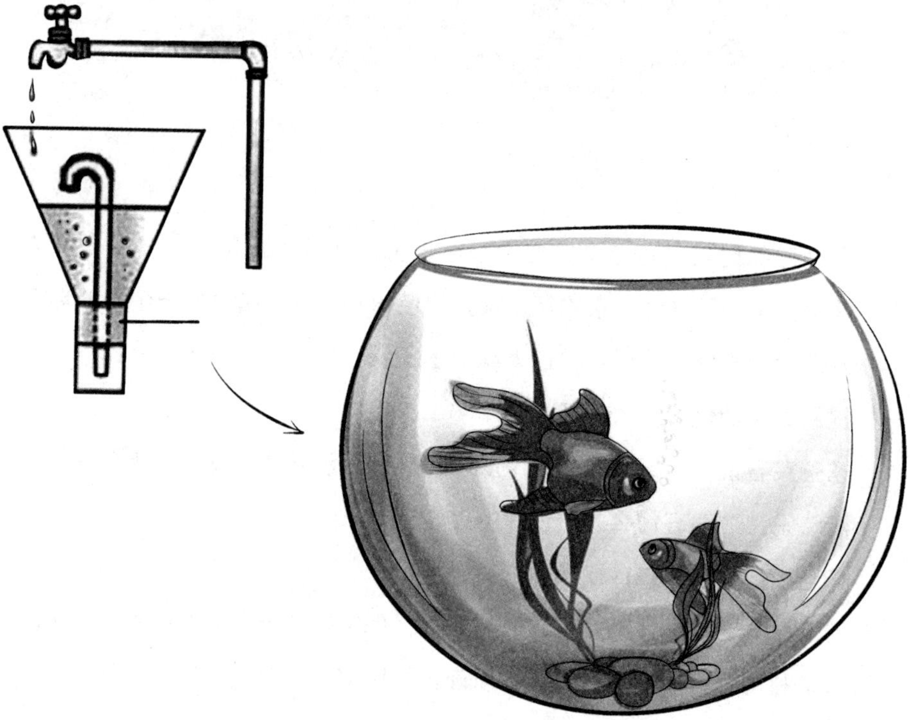

与此同时，浩浩写下了注意事项：鱼缸要高于排水管；整个过程都要保证不要让鱼缸一端的水管露出水面。

列出这些步骤之后，浩浩开始付诸实践。半个小时之后，顺利地完成了任务。

虹吸原理究竟是怎么回事呢?

简单来说，虹吸现象是液体分子间引力与位能差所造成的，也就是利用水柱的压力差，使水上升后再流到低处。在这个过程中，由于管口水面承受不同的大气压力，水会由压力大的一边流向压力小的一边，直到两边的大气压力相等，容器内的水面变成相同的高度，水就会停止流动。

在生活中，发生虹吸现象时，由于水管内往外流动的液体比流进管子内的液体多，两边的重力不平衡，因此液体就会继续沿一个方向流动。当液体流入管子里，越往上压力就越低。如果液体上升的管子很高，压力会降低到使管内产生气泡，这些气泡由空气或其他成分的气体构成，虹吸管的作用高度就是由气泡的生成而决定的。由于气泡的本身特点，会使液体断开，气泡两端的气体分子之间的作用力减至零，从而破坏了虹吸作用，因此管子一定要装满水。在正常的大气压下，虹吸管的作用比在真空时好，因为两边管口上所受到的大气压提高了整个虹吸管内部的压力。

简单地归纳一下，利用虹吸原理必须同时满足三个条件：

1.管内先装满液体；

2.管的最高点距上容器的水面高度不得高于大气压支持的水柱高度；

3.出水口必须比容器的水面低。这样使得出水口液面受到向下的压强（大气压加水的压强）大于向上的大气压，保证水的流出。

明白了这个原理之后，浩浩高兴地说：“我又学到了新的知识。”

奇趣小知识：

在现实生活中，虹吸原理有着很广泛的运用，一些水利专家利用虹吸原理，将河、湖等内的水排出，节约了机械设备的使用量与电能的消耗，十分有效地解决了很多问题。在家庭生活中，楼顶、屋面排水系统，基本上也是按照虹吸原理设计的。

飞檐走壁——氢气球能飞多高

去公园游玩的时候，爸爸给浩浩买了一只氢气球，并告诉浩浩不要松手，不然气球就会飞走。

结果，在看到有人玩过山车的时候，浩浩一时间高兴，忘记了手中的气球，撒手之后，气球慢慢地上升了。

浩浩问："爸爸，气球为什么会飞走啊？"

爸爸说："因为气球内部的氢气比空气轻，所以就会往上飘。"

浩浩问："那气球还会落下来吗？"

爸爸摇摇头。

"那气球会飞到天上去吗？"浩浩问。

去公园游玩或者在节日的时候，经常能看到街头有人卖氢气球，卖氢气球的人身边的自行车会飘满氢气球，而且个个似乎都在争先恐后地往上飘，只是因为被拴住了，无法脱身。

气球为什么能飘起来呢？这是因为气球里面装的是氢气，氢气是世界上已知的最轻的气体。它的密度非常小，只有空气的1/14，氢气的密度为0.0899克/升。

卖氢气球的人会带着一个装有氢气的钢瓶，只要把气球的口套在钢瓶的嘴上，一拧开气瓶的开关，气球就会鼓起来。

这个时候，你一定要小心地抓住系气球的绳子，一旦松手，气球就会冉冉上升，越飞越高。

那氢气球一直飞，会飞到哪里去？会飞多高呢？会不会飞到太空之外呢？

问题的答案是不能。

氢气球飞到一定的高度就停止了，在大气层中就像有一块无形的天花板挡住了它一样，更不能飞离地球，飞向太空。

氢气球上升的原因是，氢气比同体积的空气轻，空气的浮力使它上升。浮力的大小等于氢气球排开的那块空气的重量。所以空气的密度越大，浮力也就越大。气球越向上飞，空气稀薄了，浮力就减小。到了一定的高度，气球的重量正好和浮力相等的时候，气球就不再上升，好像碰到天花板一样。

这是质量比较好的气球，如果碰上质量不好的气球，可能来不及到达“天花板”就会胀破。这是因为，高空中越来越稀薄的空气，对气球的压力越来越小，气球内部的气压较大，气球会不断地膨胀，最后把自己胀破了。

在爸爸的讲述下，浩浩明白了。

他问：“爸爸，那经常有人坐大气球上天，是不是也是这个原理？”

爸爸说：“是同样的原理，但是那里面不是氢气，而是氦气。”

能载人载物的大型气球，里面装的是氦气，大型气球的外皮非常结实，不用担心会胀破。气球上装有阀门，可以随时放掉一些气体，来控制飞行的高度。气球的吊篮里还载有一些重物，人们要让气球飞高一些的时候，就扔下一些重物；让气球下落的时候，就放掉一部分气体。

氦气比空气轻，而且不会像氢气那样易燃易爆，只是价钱比氢气贵得多。

奇趣小知识：

通常状况下，氢气是没有颜色、没有气味的气体。盛满氢气的集气瓶瓶口应朝下放置，这是因为氢气比空气轻。另外，氢气能够燃烧，不纯净的氢气点燃会发生爆炸。因此，尽量不要让氢气球碰到明火。

可乐喷泉——人间的另一道美景

爸爸出差回来，给浩浩表演了一个小魔术，让浩浩激动不已。

爸爸拿出一瓶可乐，外加几颗薄荷糖。

爸爸说："我只要将整个薄荷糖放进可乐中，几秒钟之后，我只要一运功，可乐就会像喷泉一样喷出来，非常壮观。"

说干就干，爸爸将几颗薄荷糖小心翼翼地放进可乐中。接下来，爸爸故作神秘地运功，只见他轻轻地将双臂一抬，一根硕大的可乐柱便从可乐瓶中喷涌而出，非常好看。

一会儿之后，可乐柱没有了，喷完后的可乐瓶中也只剩下了小半瓶可乐。

浩浩在一旁手舞足蹈。

他问："爸爸，这是怎么回事？"

爸爸开玩笑说："爸爸是退隐江湖的武林高手，刚刚是我的降龙十八掌的掌风打出来的喷泉。"

浩浩听完后哈哈大笑。他明白爸爸是在和他开玩笑，可这可乐变喷泉是怎么回事呢？

可乐喷泉是一种非常有趣的游戏，这个游戏的吸引人之处在于它能产生10至50厘米的"沸腾水柱"，场面非常壮观。曾经有两位美国人以此为基础，复制出著名的赌城拉斯韦加斯的一座巨型喷泉。他们购置了530多块薄荷糖及110多瓶2升的可乐，在每个可乐瓶子中放入约4至5粒薄荷糖，最终，一共用去523颗薄荷糖和101瓶可乐。可乐在糖果的作用下，大量喷发，形成高达2米的水柱，场面非常壮观。

到目前为止，最大规模的可乐喷泉出现在2010年8月21日，是由墨西哥人创造的。当天参与活动的有2400多人，共同利用薄荷糖加可乐制造壮观的喷泉现象，2400多人同时把薄荷糖放进了眼前的可乐瓶中。顿时，现场出现了2433个2米多高的可乐喷泉。

那么，可乐喷泉是怎么回事呢?

科学家经过研究后发现，薄荷糖的主要成分是阿拉伯胶和结冷胶等食品添加剂，这两种物质的存在能够提高薄荷糖的黏度和柔软度，这两种物质在入水后会立即释放出凝胶和树脂，凝胶和树脂会破坏可乐液体的表面张力，而薄荷糖里有很多细密的微孔结构，是形成二氧化碳泡沫的理想场所。薄荷糖中所含有的阿拉伯胶会让水分子的表面张力更容易被突破，使可乐以惊人的速度释放更多的二氧化碳，所以能喷那么高。

除此之外，薄荷糖含有许多果胶类物质，这类物质的孔隙结构和碳酸发生物理反应，会加速二氧化碳的释放速度。在生活中，如果同时食用这两种物质，大量的二氧化碳在胃里释放，会增加胃的负担，造成胃部胀痛，对健康没有任何好处。

在现实中，同样可以做到可乐喷泉，新开启一瓶可乐，喷泉效果会随着薄荷糖的量的变化而变化。打开之后迅速投入四颗薄荷糖，也可以投入更多，这样喷泉的效果会更明显，然后要迅速撤离。需要注意的是，由于薄荷糖和气体喷发时压强较大，最好选择在空旷的地点完成，同时要远离各种电器。

奇趣小知识：

在日常饮食中，最好不要同时食用这两种食品，以免引起胃胀等不良反应。

水上漂——水珠漂浮在水面上

小区物业为了改善小区环境，为居民提供了一处赏心悦目的景观——喷泉，这乐坏了浩浩。只要有时间，浩浩都会去喷泉边和小朋友们玩耍。

水从高处向上喷出，再四面散开落入水池中，有的时候工作人员会在水中加一些溶剂，还会变成彩色喷泉，非常漂亮。

这天，浩浩在小区的喷泉池边玩耍的时候，爸爸想训练浩浩的思维，就对浩浩说："浩浩，你注意到了吗？从高处落下的小水珠，有的时候并不会立即溶于水池的水中，而是保持球形或椭圆球形状漂浮在水面上，到处游动，要过上几秒钟才消失，你知道这是为什么吗？"

浩浩玩得正高兴，听爸爸说完之后，仔细地观察了一下，发现果然是这样。从高处落下的小水珠，重新落到水面上之后，并没有立即溶于水池的水中，而是保持一个椭圆球形状浮动在水面之上，晃动了一圈之后才重新溶于水中。

浩浩想了想，回答说："是不是和水面的压力有关系？"

浩浩的回答正确吗？

其实，关于这个问题，大约在一百多年前，人们就已经注意到这种奇怪的现象。在当时，科学家经过认真的研究，提出一种较为合理的解释：这跟空气有很大的关系，水滴刚刚到达水面时，会在水滴的下方遗留一个厚度大约为10~1000 毫微米的空气层，这个空气层中的压力足以使水滴底部产生波纹，就好像是水滴从高处滴落到水面之时，会引起水面的波纹。

至于水滴存在的时间长短，当时的科学家认为，这取决于空气从环绕波纹的区域里较狭窄间隙中泄出的快慢。当空气层薄到50 毫微米以下时，就会被水滴压裂，水珠不是并入水面内，就是重新形成较小的水珠。

随着近代物理学和化学的发展和进步，关于空气从环绕波纹的区域里狭窄空隙中泄出的速度快慢的问题，科学家们认为，可能和以下几个因素有关：

1.水面与水珠表面的黏度，黏度大，泄出的速度就会慢。反过来，黏度小，泄出的速度就会加快。

2.水面可能存在的不平衡的表面张力。

3.截留在水珠下的空气黏度。当空气泄出时，它试图把水面的表层一块儿拖走。如果水面的黏度高，水与空气的流动就要受到阻碍，水滴就要持续较长时间。

为了验证这种推测，研究人员在水中加入去除水垢的清洁剂，这直接导致水和空气的阻力增加，水珠浮动时间增长，达到几分钟，甚至达到20分钟。

当然，去除水垢的清洁剂虽然增加了水的表面张力，但它也增加了水的表面黏度，最终延长了水珠浮动时间。如果用黏度较大的气体，如二氧化碳，或黏性液体代替空气，则它泄出的速率降低，水滴寿命延长。

听完了爸爸的讲解之后，浩浩说："想不到这个喷泉还藏有这么多的科学小知识呢。"

奇趣小知识：

经过研究发现，每天围绕着喷泉慢走，当然，不要靠太近，以免水汽大而着凉，每天都步行20分钟左右，伴着深呼吸，对身体健康有很大帮助，尤其适合高血压、百日咳、上呼吸道疾病、支气管哮喘等患者。这是因为喷泉在运行过程中，利用水泵的作用力，通过水的相互撞击产生负离子，对人体的健康有很好的作用。

无敌黑纱掌——黑色物体的神奇功能

爸爸妈妈去服装城给浩浩买衣服，浩浩看上了其中的一件白色羽绒服，但是妈妈却坚持给他买黑色的，浩浩心里非常不情愿。

爸爸说："浩浩，妈妈让你买黑色的衣服是对你好！"

浩浩说："可是我不喜欢这件黑色的。"

爸爸说："我们先答应妈妈，回去之后，如果你还不满意，我们再回来换。"

回去之后，爸爸让浩浩把手抬起来，放了一黑一白两块布在浩浩的手上。

爸爸说："两分钟之后你告诉我有什么不一样。"

两分钟之后，浩浩说："爸爸，我的这只拿着黑布的手感觉到很热。"

爸爸说："我们再做一个实验。"

爸爸找了一片有雪面的地，太阳光也能够照射在雪面上。他将那两块一黑一白的布，盖在了雪上面。过了一两个小时之后，浩浩发现黑布已经陷进雪里去了，但是白的那块仍旧留在雪面上。

浩浩觉得非常奇怪，都是同样的雪地，同样的布，只是颜色不一样，怎么会有这么大的变化呢？

聪明的小朋友们，你知道这是怎么回事吗？如果有条件的话，你也可以做一做这样的小实验，非常有趣。

这个明显的不同的原因很简单：黑布下面的雪要融化得快些，因为黑布吸收了照射在它上面的太阳光的大部分热能；白的那一块呢，却刚刚相反，它把太阳光的大部分反射出去，因此，它所吸收的热没有黑布那样多。

我们知道，光是由红、橙、黄、绿、蓝、靛、紫七种颜色构成。一个物体是什么颜色的，实际上这个物体就是反射的什么颜色。比如你看到一个物体是红色的，实际上，是光线中的其他几种颜色都被物体吸收了，只剩下红色的被反射回来，所以看起来是红色的。

同理，白色的物体实际上是将光线全部反射回去，并不吸收。而黑色的物体，则是将光线全部吸收了，一点都不反射回去，所以才会感觉到热。

太阳光还有热量，黑色吸收了全部的热量，自然就要比白色温度高。

然而黑色散热也快，因为黑色要吸收大量的热量，所以，当它吸收过多的热量时，就会散出热量，从而可以使它吸收更多热量。

因此，我们可以得出结论：在冬天的时候穿黑色的衣服，因为黑衣服在太阳底下能够吸收到太阳的热量，会使我们的身体受到比较多的热，会使得我们身体觉得暖和。

在1903年发生的一件事，更好得证明了这个结论。

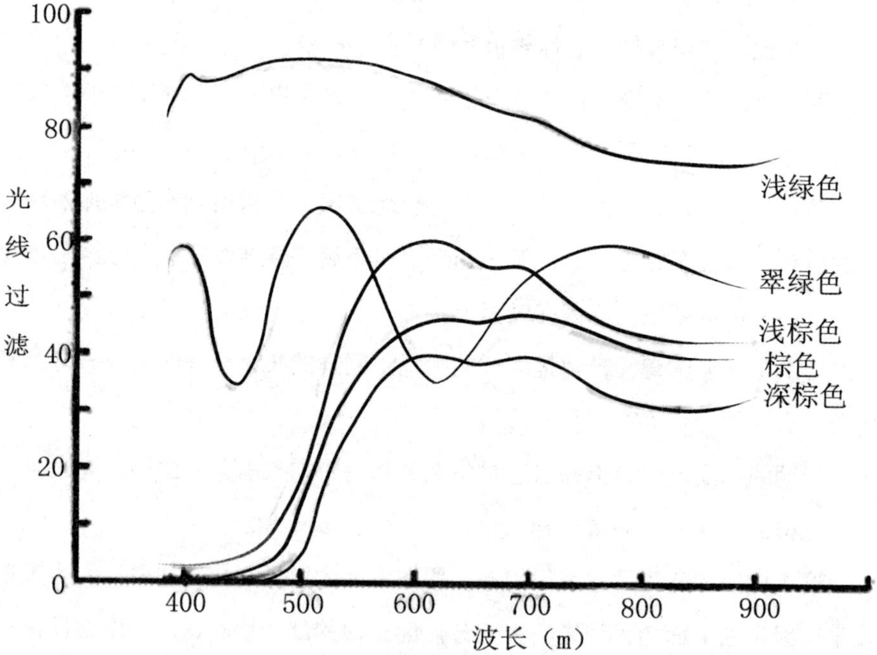

1903年，“高斯”号轮船到南极去探险，因为天气突然变冷，轮船还未来得及离开这里，就被冻在冰里了。为了帮助轮船离开，人们用了炸药和锯子，但是结果也是徒劳，由于炸药有限，只能够打开几百立方米的冰。轮船仍旧不能够恢复自由。

后来有人提出借助黑色的东西帮忙，这个想法得到很多人的赞同。

人们用黑灰和煤屑在冰面上铺了2000米长10米宽的一大片路径，从轮船边上铺起，一直铺到冰的最近一条宽裂缝上。那时候正好是南极的夏天，连续许多天都是白昼，都是好天气。

于是，这些用黑灰和煤屑铺成的路，竟做了炸药和锯子所做不到的工作。冰逐渐融化开来，沿着黑色的那一带破裂了，这艘轮船就此脱离了冰的羁绊。

明白了其中的道理之后，浩浩说：“我冬天就穿着它来保暖了，原来我误会妈妈了，妈妈是真心为我好。”

奇趣小知识：

由于物体对光有反射作用，在夏天的时候，如果穿黑色的衣服会比较热，应该穿白色的衣服，因为白色的衣服不吸收任何光，可以将太阳光反射出去，阻挡了太阳的热量。因此，夏天穿白色的衣服会感觉到凉爽。

吸星大法——看不见的武林高手

浩浩平时喜欢看一些科普方面的书籍，也渐渐掌握了一些电学、光学方面的知识。这天浩浩在班级里就露了一手，让同学非常羡慕。

学习委员胡冬冬在装订班级画报的时候，因为天气冷，手冻僵了，一不小心将盒子里的图钉全部打翻了，撒了一大片。他担心这些图钉会伤害到同学们，示意大家别围过来。

胡冬冬看着满地的图钉，要全部捡起来是一件非常困难的事情，他不禁皱了皱眉头。

这个时候，只见浩浩走过来，说："都不用担心，看我的。"

只见他戴上手套，当手拂过散落的图钉的时候，图钉像被施了魔法一样，全部都被吸附在他的手套上面。很快，散落的图钉又全部聚集到一起。接着，他脱掉手套，图钉乖乖地回到了盒子里。

大家都围过来，问浩浩怎么做到的，浩浩说："我是一位退出江湖的大侠，使用了一套在江湖失传已久的绝学——吸星大法。"

大家听完后都笑了，有同学问："你的师父是任我行？"

浩浩故作深沉地说："我的师父声名远播，他是性格豪爽、很讲义气的令狐冲。"

大家听完都哈哈大笑。

其实，奥秘就在浩浩的手套里，他在手套里放了一块磁铁，利用磁铁的吸力将散落的图钉全部归拢到一起。

磁铁是一种铁矿石，也叫磁石，由于能够吸住铁、镍、钴等金属，也叫作吸铁石。

在大自然中，物质大都是由分子组成的，分子是由原子组成的，原子又是由原子核和电子组成的。在原子内部，电子不停地自转，并绕原子核旋转。电子的这两种运动都会产生磁性。但是在大多数物质中，电子运动的方向各不相同、杂乱无章，磁效应相互抵消。因此，大多数物质在正常情况下，并不呈现磁性。

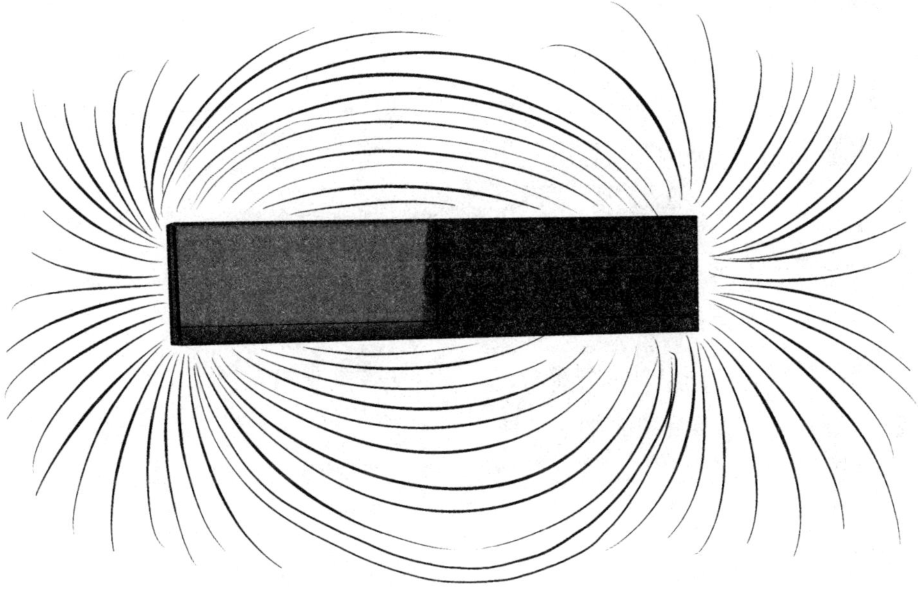

铁以及铁氧体等铁磁类物质有所不同，它内部的电子自旋可以在小范围内自发地排列起来，形成一个自发磁化区。在无外磁场作用时，这些原磁体排列紊乱，它们的磁性相互抵消，对外不显示磁性。当把铁靠近磁铁时，这些原磁体在磁铁的作用下，整齐地排列起来，使磁性加强，就构成磁铁了。磁铁的吸铁过程就是对铁块的磁化过程，磁化了的铁块和磁铁不同极性间产生吸引力，铁块就牢牢地与磁铁“黏”在一起了，我们就说磁铁有磁性了。

磁铁一般可分为一般常见的永久磁铁，比如浩浩手中的就是永久磁铁，还有一种是通电时才具备磁性的电磁铁。

每块磁铁两头都有不同的磁极，一头叫S极，另一头叫N极。人类居住的地球，也是一块天然的大磁体，在南北两头也有不同的磁极，靠近地球南极的是S极，靠近地球北极的是N极。由于同性磁极相斥，异性磁极相吸引。因此，无论在地球表面的什么地方，拿一根可以自由转动的磁针，它的N极总是指向北方，S极总是指向南方。中国古代劳动人民就是根据这个原理发明了指南针。

了解了这些知识之后，就可以知道浩浩说自己是武林高手，会吸星大法的神功是在开玩笑了。

奇趣小知识：

制作简易的指南针，找一张薄薄的不吸水的塑料纸，让它漂浮在一个装满水的杯子里。找一根缝衣针。在一块磁铁上反复摩擦，但要保证沿着同一个方向摩擦，重复至少40次以上，这个过程能让针磁化。然后小心地把针放到塑料纸上，你会看到塑料纸慢慢转动，针最终会与南北两极的连线平行，针尖朝北。

小李飞刀——准确飞进碗里的硬币

浩浩放学后，很快就跑回家，翻腾了很久，找出这两样东西：一个碗、一枚一角的硬币。

妈妈做好饭从厨房走出来，问："浩浩，你在做什么？"

浩浩故作神秘地说："妈妈，你能不能把这枚硬币吹到碗里去？"

妈妈摩拳擦掌，迫不及待地上去试一试。她站稳脚步，手放在桌子上，鼓足了劲，使劲一吹，那枚一角的硬币好像被钉在桌面上一样，一动也没动。

妈妈将硬币挪动了位置，使劲一吹，还是没有动。

妈妈问："怎么回事？硬币动也不动。"

来家中做客的舅舅在一旁也看得着急了，说："我来试试。"

只见他猛一吸气，忽地一下吹出去了，那硬币很不情愿的往前面翻了几个跟头，随即又站稳了脚步，再也不动了。此时，舅舅也学着妈妈的样子，将硬币挪动了位置，又是一口吹出去，硬币同样翻滚了一下，不动了，根本没有吹到碗里去。舅舅急了，大口吸气大口喘气，无可奈何。

舅舅说："吹不进去，认输了。"

这个时候，正好爸爸也回来了。他看了心里也痒痒，也上去试了试，爸爸用了不同的角度，不同的力量。可硬币好像和他作对一样，尽管偶尔也会飞起来，但就是不往碗里去。

于是老爸又换了几个位置，但硬币还是没有要往碗里去的意思。浩浩在一旁观战，笑得眼泪都要出来了。

舅舅问："浩浩你这个小鬼头，笑什么，你是不是又在耍什么花招？"

浩浩回答说："嘿嘿，这你就不知道了吧？"

他走上前，按照老师教给他的方法，将硬币放到距离碗20厘米的地方，低着头深吸了一口气，然而对着硬币，腹部猛地一收，再猛地把气吹出来，只听见"咣当"一声，硬币就飞到碗里去了。妈妈和舅舅看得目瞪口呆，眼睛都没眨一下。

浩浩摆出一副胜利者的样子说："这个太小意思了。"

爸爸想了想，明白了其中的道理，问："浩浩，你知道这是什么原理吗？"

浩浩摇摇头。

在物理学中，这是根据伯努利原理，在气流、水流中，流动的物体速度越快，所产生的压力就会越小。这就是丹尼尔·伯努利在1738年发现的"伯努利定理"。

关于伯努利定理的内容，简单来说，运动的物体的速度增大，其静压将减小；反过来说，运动物体的速度减小，其静压将增大。

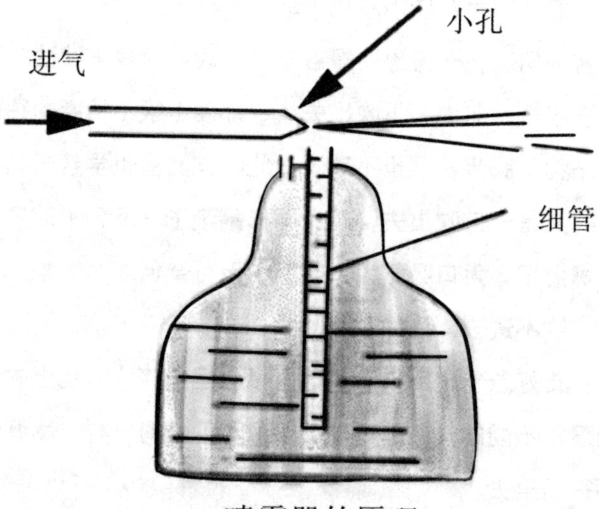

喷雾器的原理

我们生活中常见的飞机起飞时，就是根据伯努利定理。

飞机起飞之前，总要在跑道上先助跑一段时间，这个过程中，空气在飞机的两翼上流动，因为机翼下页是平的，而机翼上页存在着弧度，所以空气在上面速度会变快。当上面速度变快，空气速度快的时候压强变小，下面压强大，上面压强小，所以就会把飞机托起来，因此飞机就会离开地面，在空中飞行了。

听完了爸爸的讲述，舅舅说："浩浩，你现在越来越聪明了，都超过舅舅了。"

奇趣小知识：

生活中常见的喷雾器，同样是利用流速大、压强小的原理制成的。在喷雾的过程中，让空气从小孔迅速流出，小孔附近的压强小，容器里液面上的空气压强大，液体就沿小孔下边的细管升上来，从细管的上口流出后，在压力下被喷成雾状。

第二章　揭开声音世界的神秘面纱

耳听八方——水倒满了吗?

家里的热水壶里的水沸腾了，妈妈让浩浩把热水倒进热水瓶里。

在浩浩往热水瓶里面倒热水的过程中，妈妈说了一句：“行了，已经倒满了，倒进另外一个瓶子里。”

浩浩觉得很奇怪：“妈妈，你根本就没有看，怎么会知道热水瓶满了呢?”

妈妈说：“一听就知道水有没有满了。”

浩浩觉得更加奇怪了。

其实只要通过两个简单的实验，便不会觉得奇怪了。

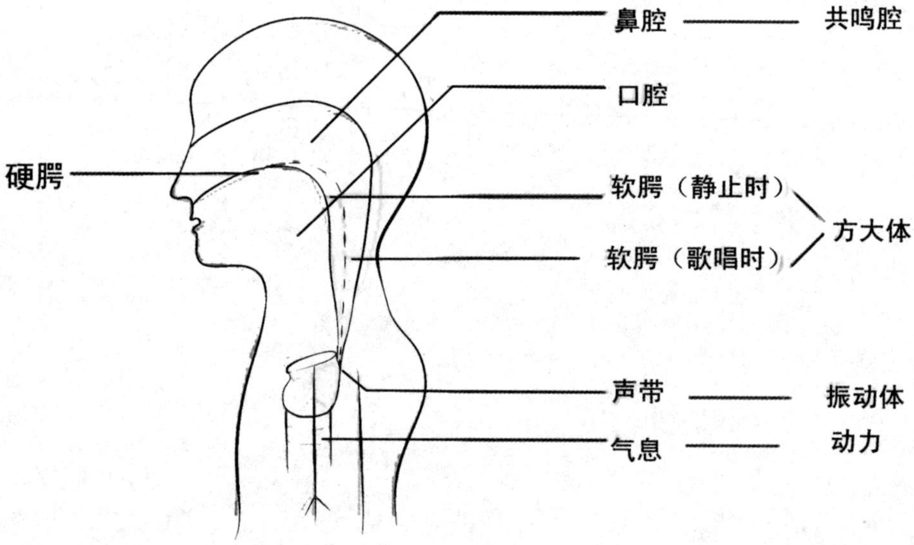

用家里的空的热水瓶，将瓶口紧紧地贴在耳朵上，就会听到嗡嗡的声音，尽管你并没有什么动静。许多人到市场去买热水瓶的时候，常常也会这样做，将热水瓶放到耳朵上，据说这样可以鉴别热水瓶的好坏。

实际上，这是一种共鸣现象。关于共鸣的定义，在科学中是这样阐述的：当某一物体发生振动，影响到某些空间时，如果某些空间的振动频率与原物体振动频率相同或形成一定比例，便与之产生共振的现象，称之为共鸣。简单地说，就是一个声音进入或影响了某些空间而产生的回音，附和原来的声音，并且成功地结合在一起。

在我们的周围总是分布有各种各样的声音，由于人耳的接收范围是20到20000赫兹，低于或者高于这个范围，人耳都无法听到。由于我们周围的这些声音比较微弱，我们常常听不到。如果某些声音和热水瓶发生共鸣，声音就被放大了。这种声音和热水瓶的质量是没有什么关系的。

把茶杯、饭碗、玻璃杯等器皿的口贴在耳朵上都会听到声音，但是声音的高低不同。你可以用两只耳朵对不同的器皿进行仔细比较，就会发现器皿小，发出的声音音调就略高一点。这里面有一个规律，就是器皿里的空气柱越长，发出的音调越低。换句话说，音调低的声音和长空气柱发生共鸣，不同的音调对应着不同长度的空气柱。

还有一个实验，就是事例中浩浩的困惑了。一般说来，向热水瓶中灌水，有经验的人都能凭灌水所发出的声音来判断水是不是灌满了。想一想，为什么灌的时候，声音的高低会发生变化呢?

灌热水瓶的时候，水搅动了瓶内的空气使空气振动发出声音，和吹瓶子一样，空气柱越长发出的声音越低。随着水面的升高，瓶内空气柱不断地减少，音调也就跟着升高，当你听到声调升高到一定程度的时候，就知道热水瓶已经灌满了。

找到了问题的答案，浩浩说：“以后倒水的时候，再也不用一边倒一边趴在瓶口往里面看了。”

奇趣小知识：

许多歌唱家在唱歌的时候，都会利用共鸣原理。在歌唱发声时，会用气息冲击声带振动而发出声音，同时引起了体内其他各共鸣腔体产生共振。由于共鸣时产生的泛音与声带发出的音组成复音，使声音得到了美化，达到洪亮、丰满、悦耳、动听的效果。

顺风耳——古代的士兵枕着箭筒睡觉

浩浩和爸爸一起看电影《花木兰》的时候，爸爸问浩浩："那些士兵为什么都枕着箭筒睡觉呢？"

浩浩想了想，说："应该是枕着箭筒睡觉比较舒服吧。"

爸爸笑了笑，说："如果把你的软绵绵的枕头换成硬邦邦的箭筒，会舒服吗？"

浩浩不好意思地笑了，说："他们肯定是没有枕头，只好枕箭筒了。"

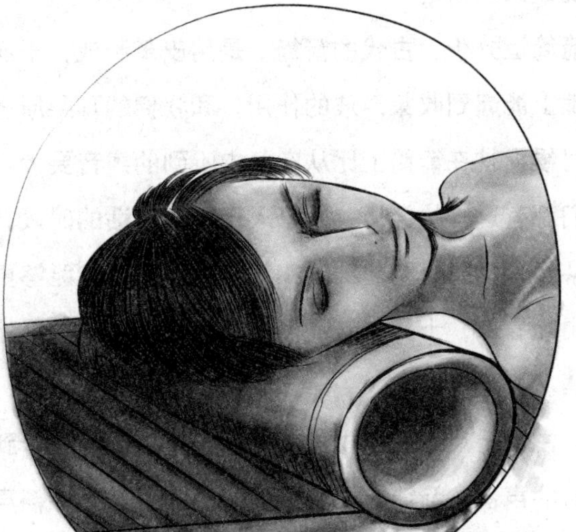

爸爸说："他们可以枕自己的衣服嘛，不一定非要枕个硬邦邦的东西吧？"

浩浩摇摇头，说："不知道！"

爸爸说："我来告诉你！"

古代的士兵之所以枕着箭筒睡觉，主要是利用了声音在固体中比在空气中传播快得多的原理。在空气中声音的速度约为340米/秒，而声音在固体中的传播速度是1050米/秒。

详细的分析，还要从箭筒和声音在大地中传播两点入手。

在古代，为了探听对方的战马和士兵在路上行进的情况，一般会选择趴在地上听，这是因为从地上比从空气中能听到行军声音的距离要远得多。比如取一根10米长的铁管，一个人在铁管的一端，另外一个人在另一端，其中一个用手指轻敲铁管，使另外一个人在另一端从空气中刚好能听到。这时如果选择趴下将耳朵贴近铁管，敲打铁管的人仍按原来的力量敲打铁管，另一个人听到的声音响度要比从空气中听到的声音响度大得多。

这个实验说明了敲打固体产生的声音，直接从固体中传播比从空气中传播的距离要远。所以可以通过大地探听到从更远的地方传来的部队的动态，这样可以更早地发现敌人的行动。

另外，从箭筒上分析。古代的箭筒，是用皮革制成，干燥后非常坚硬、结实，箭筒放在地上能起到收集声波的作用，和我们的耳朵原理一样。当同样的声音发出来的时候，枕在箭筒上比从空气中听到的声音要大。

生活中我们都有这样的经历，两个人远距离喊话的时候，一方会将手呈张开状态放于耳朵后，这样可以起到收集声波的作用，就能够更清楚地听到对方喊话的内容。由此看来，士兵枕着箭筒睡觉，能听到从较远处传来的响声，能够及早发现敌情。

综上所述，古代士兵之所以枕着箭筒睡觉，是因为能听到从较远的距离传来的部队行军时的声音，箭筒起到收集声波的作用。另外，声音传播相同距离从大地中传播比从空气中传播要快。

浩浩听得津津有味，自豪地说："原来我们的古人那么聪明啊。"

爸爸说："当然了，我们的古人还有很多成就和知识是你不知道的呢，想学习这些知识，就要好好学习。"

浩浩认真地点了点头。

奇趣小知识：

人类耳朵的"耳蜗"为什么不和麦克风一样，凸在外面，而要通过一条长长的耳道呢？要回答这个问题，只要你堵上双耳，再听听你的呼吸、咽口水的声音，你就明白了。原来人类的耳道结构，可以将外界细微的声音"放大"，而且还会将我们身体的声音"扩大"并聆听，而后作出各种判断，以此更好地引导自己生存。这也就是为什么耳机只要很小的声音，放在耳朵里之后都会觉得很大声的原因。

不动如山——江湖绝学腹语术

和爸爸一起看《天龙八部》，看到四大恶人之首段延庆腹语的绝技，浩浩问爸爸："爸爸，真的有腹语术吗？"

爸爸点点头，说："有！中国就有一个腹语高手，叫邓志鸿，他一口气最长可以连说50秒。"

浩浩赶忙问爸爸："腹语是怎么回事啊？用肚子也能够说话吗？"

其实任何人都不可能用肚子说话，因此腹语并不是真的在用肚子说话。

我们看到有人嘴巴并没有动，却能够发出声音，这是怎么回事呢？

这只是说话的方式不同，或者说改变了我们说话的方式。我们平时在说话的时候，基本上是靠唇、齿、舌共同运动完成语音的发声，腹语只是改变了原有的发音方式。经过训练之后可以在上下颌、甚至是嘴唇都闭合的状态之下，就把语音给发出来，这个发音的过程，需要训练，需要技巧，可以说只是依靠舌头来完成的。

在我们正常说话尤其是唱歌时，要利用口腔共振发声。而另外的情况是在说悄悄话时，怕被别人听到，就只用声带发音，尽量减小口腔共振。再有一种是用假嗓子说话唱歌，如唱陕北民歌，就是另一种利用嗓子发音的方式。腹语则是反其道而行，讲话向肚中咽，使声音在腹腔共振，这样隔着肚皮就可以听到含混不清的话音。

"腹语"练好了可以发出比较大的声音，不一定要耳朵贴着肚皮去听。腹语并不难，只要倒吸气发音，或者强把话音往下咽就行。开始有些不习惯，慢慢就会掌握窍门，发音也由呜呜声变清楚些了。

需要指出的是，“腹语”这个称呼实际上不太恰当。只是改变了说话的方式，无法去脱离人的语言发音器官，或者说是嘴唇的运动被掩盖得很好，以至于给人以声音是从身体内部的某个部位发出来的错觉，所以他们才被称为“腹语者”。

其实，腹语者的“奇闻”只是由于我们没有办法准确判断声音的方向和说话人与我们之间的距离。在通常条件下我们只能获得一个大概情况，而这对我们在一般条件下理解声音就已经足够了，尽管实际上我们在判断声源上已经犯了很愚蠢的错误，尽管实际上完全明白腹语者的表演是怎么一回事，我们看着他仍然很难克服错觉。

浩浩说："这么说我也可以学习腹语了？"

爸爸说："对！腹语有很古老的历史，起源于古埃及，距今已有三千多年的历史。中国的史书上，也有腹语表演的记载。只是如今，能表演腹语的中国艺术家几乎没有了。"

浩浩说："那我就要好好学习，好好研究，争取填补这个空白。"

奇趣小知识：

我们常常看到电视上，有人可以用眼睛喷水，这是因为人的眼睛和鼻子之间存在着一个叫作鼻泪管的通道，使得眼睛和鼻子有了亲密的沟通。当鼻子吸进水后，捏住鼻孔用力憋气。可以迫使鼻腔内的水经过鼻泪管反方向流动，从眼角的泪道开口喷出。

当然，眼睛喷水并不是每个人都可以拥有的技能，需要经过练习。这样做虽然不会给人体造成什么危害，但也必须注意安全，否则，很容易将水吸进气管引起呛咳。另外，吸进鼻子的液体一定要干净，眼睛经常要滴一些眼药水来消毒杀菌，以免引起眼部的感染。

声音长短——用声音做标尺

浩浩知道了回音的原理之后，爸爸引导性地问他："浩浩，你知道了回音的知识之后，能不能说出回音有什么用？"

浩浩想了想，说："我可以测出这里到前面那座山的距离。"

爸爸问："怎么测量？"

浩浩说："根据声音传播的速度和接收到回音所用的时间，就可以测出距离了。"

爸爸说："很聪明！"

其实回音在生活中的运用还有很多。

20世纪初，由英国白星航运公司制造的一艘巨大豪华客轮，是当时世界上最大的豪华客轮，被称为是"永不沉没的客轮"或是"梦幻客轮"。然而，这艘号称是"永不沉没的客轮"在处女航中，因为跟冰山相撞沉没在了北大西洋中，乘客几乎全部遇难。

为了保证航行的安全，人们想在浓雾里或者夜里行船的时候，都会探测前方的状况。

经过科学家的研究，回音被正式利用在航海中。利用回声的原理来发现前进路上有没有冰山。可惜的是，这个方法并没有成功，但是引出了另外一个想法：利用声音从海底的反射来测量海洋的深度。

具体的方法是：在船的底舱里靠近船底的地方安装一个有声装置，能够发出较大的声音，声波穿过水层到了海底，反射以后的回声折回到水面上来，由装在舱底的灵敏的仪器接收下来。一只准确的时间计量器计量出了发出声音和回声到达相隔的时间。我们已经知道了声音在水里传播的速度，就能很容易算出反射面的距离，换句话说，就是测出了海洋的深度。

科学家使用这个方法测量海洋的深度，同时还能够通过这种方法测量海底的地形状况，为对海底的开发作出贡献。

如果说深海深度的精确测量对于海洋学有重大意义，那么在浅水的地方进行又快又精确可靠的测探工作，是对航海有真正的帮助的，这可以保证航行安全。由于回声测深器的帮助，船只能够大胆而且很快地向岸靠近。

在现代的回声测深器里，已经不是用一般的声音，而是用非常强的“超声波”，是人的耳朵听不到的声音，它的频率大约每秒几百万次。这样的声音是放在很快交变的电场里的石英片（压电石英）振动产生的。

奇趣小知识：

回音不仅可以用来勘探海底的地形，还能够进行石油勘探。在地面上埋好炸药包，放上一列探头，把炸药引爆，探头就可以接收到地下不同层间界面反射回来的声波，从而探测出地下油矿。

狮吼功——千里之外听声音

浩浩和爸爸妈妈一起去爬山，站在山顶，看到妈妈落在很远的地方，浩浩禁不住大喊了一声："妈妈，加油！"

这个时候，一个清晰的声音传来：妈妈，加油！

浩浩愣愣地看了看，说："爸爸，山里面有人学我说话？"

爸爸笑了，问："是吗？那你再试一下。"

浩浩又喊了一句："妈妈，加油！"

然后，同样一个清晰的声音传来：妈妈，加油！

浩浩有点生气地说："他又学我了。"

爸爸笑着说："这是回音。"

声音是以波的形式进行传播的，波在前进的道路上，在遇到阻碍时就会被反射回来，所以你常常能听到回声。

如果你站在一个开阔的地方，在你的正前方200米处有一座大山或者一幢房子，这个物体能将你发出的声音反射回来。你大声地喊一声，声音跑了200米之后，遇到了障碍物，比如大山或者房子，被反射回来，再传到你的耳中，这就是回音。

你听到的回音其实是自己的声音。

说到回音，不能不讲回音的速度。

我们知道，声音在空气中的速度大约是每秒340米，声音在200米的距离

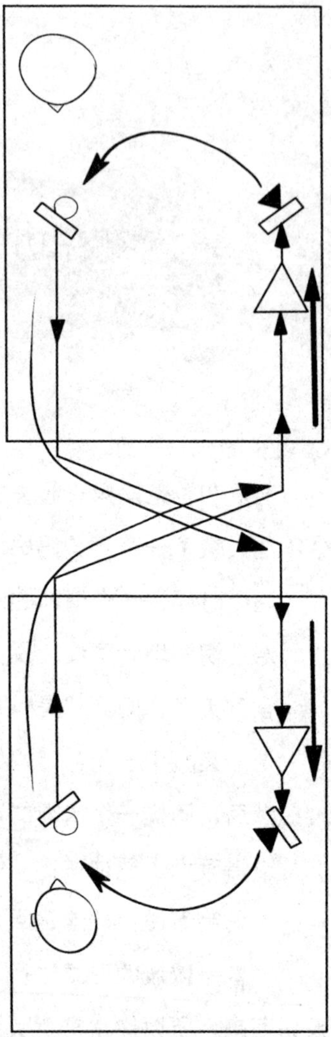

上一来一回一共是400米，所以需要1.1秒。

你大喊一声，声音持续时间很短，还不到1秒。这就是说，在回音还没有到达之前，喊声已经消失了，所以两者不会融合在一起，可以分别听得清。

平时的生活中，是不需要回音的，更多的时候，甚至还需要想办法去解决回音的问题。

在平常的说话中，普通的播音员1分钟能说200字左右，也就是说一个字的时间不会超过1/3秒，声音的速度是340米/秒，0.1秒声音传播了34米，人要听到回声至少相距0.1秒以上，也就是说需要超过17米，才能听到回音。在17米以内，完全听不到回音。

然而，一些普通的大厅、演播厅的内部，观众与表演人员之间的距离会远远超过17米。这个距离，如何在大厅里避免回音呢?

以人民大会堂作为例子，人民大会堂是20世纪50年代建造的，当时是世界上最大的会议场所。如不对回音作处理，各个回音互相干扰，根本就没办法开会。为了消除回音，设计者在设计的时候，将墙壁做成了凸凹不一的形状，声音在传播的过程中，减少了障碍物的阻碍，让声音的“波”无法反射回去，同时墙壁都是柔软性的材料，吸声效果好。另外，在大会堂中央布置了很多高科技的消声的设备，将回音的问题彻底解决了。

浩浩听了之后，说：“原来回音这么好玩啊。”

紧接着，对着大山使劲地喊了一声：“妈妈，加油！”

回头看的时候，妈妈正在冲浩浩招手呢。

奇趣小知识：

在很多剧院都有一种设备，台前提词用的台词厢。你可曾注意所有剧院的台词厢都是同一形状的？原因是，台词厢的本身等于一种声学仪器。台词厢的拱壁等于一个声音的凹面镜，它起着两种作用：阻止提词的人发出的声波传播到观众那儿去，还把这些声波反射到舞台上。

无声胜有声——听不见的声音

在乡下爷爷家的时候，每当夜幕降临，浩浩都会看到一只只蝙蝠在黑夜里飞行。

浩浩禁不住赞叹道："蝙蝠的视力真好，这么黑都能看到路，而且还不会撞到一起。"

爸爸说："其实蝙蝠的视力非常差，根本就看不到路。"

浩浩听了之后，不相信自己的耳朵，说："怎么可能？如果它视力不好的话，为什么这么黑还能飞得那么快，不会撞到东西呢？"

蝙蝠能在黑夜自由飞行捕捉食物，依靠的根本不是视力。而且据研究，蝙蝠的视力很差，弱到基本上看不到东西。

那么，蝙蝠如何能够在漆黑的夜空中来去自如，高速飞行却不会撞到东西呢?

蝙蝠主要利用回声定位来辨别方向。

当声波碰到一个障碍物，比如墙壁，悬崖时，它会弹回来，我们会再听到这个声音，这种反射回来的声音称为回声。

蝙蝠就是利用这种回声定位进行捕食和辨别方位的。

可能会有人觉得奇怪，为什么蝙蝠发出的声音，人耳却听不到呢?

人耳能听到的声音频率约在20赫兹至20000赫兹之间，低于20赫兹或者高于20000赫兹的声音，人耳是听不到的。声波频率高于20000赫兹的，称为超声波；低于20赫兹的则为次声波。次声波与超声波一样都看不见、听不到、摸不着。

蝙蝠能在漆黑的夜里自由飞行捕捉蚊虫为食，不是用视觉而是用听觉来定位的。蝙蝠在飞行时发出人耳听不到的超声波，它的耳朵接收到这些回波，就能判断出前面是应该躲避的障碍物还是要捕捉的虫子。

自然界中，除蝙蝠外，能发出超声波的还有蟋蟀、蚂蚱、老鼠、鲸等，狗能听到 3.8万赫兹的超声波，有些鸟类可以听到4万赫兹的超声波。

超声波技术应用非常广泛，在医学界尤为突出。

超声波具有方向性好、穿透能力强等特点，可以和光线一样，能够反射、折射，也能聚焦。另外，它的传播情况还与介质的特性有着密切的关系。

在医学中，用超声波诊断和治疗各种疾病，具有无损害、无痛苦和及时等优点。超声治疗是一种物理疗法。

超声波为什么能够治病呢?

人体组织内的神经细胞对超声波十分敏感，它可以引导超声波在体内的活动，对那些正常与不正常的组织进行识别与区分，然后对不正常的组织进行干扰和遏制。

超声波在人体组织中能引起细胞的波动，相当于一种细微的“按摩”。它能促使局部血液和淋巴循环得到改善，从而对组织营养和物质代谢都能产生良好的影响。

另外，超声波还可以刺激半透膜，增强其通透性，加强人体新陈代谢，改善人体功能状态，提高人体组织的再生能力。同时，超声振动能引起体内局部温度升高，因此它还具有扩张血管的作用。

随着科技的进步，超声波在医学领域的应用也越来越广，许多医院都开设了专门的超声诊室。超声诊断和治疗多用于脑血管意外疾病、血栓闭塞性脉管炎、慢性支气管炎、哮喘、偏瘫、冠心病及超声手术等。

奇趣小知识：

不仅在医学领域，在工业领域超声波同样有很广泛的应用，在工业上可以用超声波清洗零件上的污垢。在放有物品的清洗液中通入超声波，清洗液的剧烈振动冲击物品上的污垢，能够很快清洗干净。

无形乐器——用瓶子奏响美妙的音乐

浩浩看到电视节目上有一个嘉宾，用几个汽水瓶子演奏出很好听的音乐，让他羡慕不已。

浩浩说："爸爸，那个人真厉害，居然可以用汽水瓶子当乐器。"

爸爸说："的确很厉害。"

浩浩接着问："瓶子为什么能演奏出好听的音乐呢？"

爸爸将浩浩带进厨房，从一堆餐具中拿出碟子、碗等各种餐具，让浩浩逐个敲打。

逐一敲打之后，爸爸问："它们发出的声音一样吗？"

声音是由震动产生的，由于敲打不同的东西而产生的震动不同，从而会发出不同的声音。声音产生的本质就是由于物体震动，产生震动不同，声音就会不同。

同样的道理，敲打普通的汽水瓶子，同样能够产生声音，如何才能让同样的瓶子产生不同的声音，这需要改变瓶子的震动频率，从而改变瓶子产生的声音。

具体的操作过程是这样的：

在两张椅子上，横放两根竹竿，上面分别悬挂八个普通的瓶子。自上而下，自左而右，第一个瓶子几乎装满水，第二个瓶子里的水比第一个瓶子略少一点，挨着次序，一个比一个少一点，最后一个瓶子装的水就是最少的。

用干燥的木棍敲击瓶子，就会发出高低不同的声音。水越少的瓶子，发出的声音越高。仔细调整瓶子中的水量，就能使它们发出的声音组成两组八度音阶。然后，就可以用这些瓶子演奏一些简单的打击乐曲。

同样的方法，还可以通过吹的方式来验证。

将八个同样的瓶子放在桌子上，第一个瓶子几乎装满水，第二个瓶子里的水比第一个瓶子略少一点，挨着次序，一个比一个少一点，最后一个瓶子装的水就是最少的。然后用嘴对着每一个瓶口吹气，由于瓶中水位的高低不同，瓶子的声音也会发生变化。而且瓶子里的水越少，发出的声音越低，瓶子里的水越多，发出的声音越高，正好和敲击瓶子的顺序相反。

用木棍敲打瓶子和用嘴巴对瓶口吹气，声音完全不同，这是由于打击瓶子的时候，声音是由于玻璃瓶和水的振动产生的；而吹瓶子的时候，声音是玻璃瓶的空气振动产生的。

但不管怎么样，原理都是一样的，改变物体的振动方式和频率，从而能够改变物体的声音。

浩浩问：“那我是不是也能够通过这种方式去演奏出音乐？”

爸爸说：“当然可以，但是你需要不断地练习和琢磨，毕竟想练成这种绝活也需要付出努力。

浩浩点点头。

奇趣小知识：

音调是指声音频率的高低，音色是指声音的好坏，有无杂声混杂其中。经常能看到家长在买碗的时候，会轻轻地敲击瓷碗，主要是检查有无裂痕。声音越清脆纯正越好，也就是音色越纯正越好。

一般的用具，如有裂纹，经敲击是可以听出来的。就如同工人拿小槌敲击铁轨来检查有无断裂痕迹是一样的道理。

第三章　揭开奇妙的光世界

电闪雷鸣——家用电的厉害之处

浩浩拔插销的时候，一不小心手碰到了插座孔，被电了一下，吓得浩浩“啊”的一声，爸爸赶紧切断了插座的电源。

浩浩问：“爸爸，我怎么会触电呢？”

爸爸说：“你碰到了电源，当然会触电了。”

说起触电，先要说两个定义，导体和绝缘体。

导体是容易导电的物体，不容易导电的物体叫绝缘体。这里需要解释一下，容易导电与不容易导电并不是能不能导电，容易导电的物体遇到特殊情况就会不容易导电。同样的道理，不容易导电的物体在遇到一定的状况时，也会导电。比如，水是导体，但是当水温达到沸腾之后，则不容易导电；木棍是绝缘体，但当它变潮湿的时候，容易导电，就变成导体。

人的身体是一个导体，能够导电。

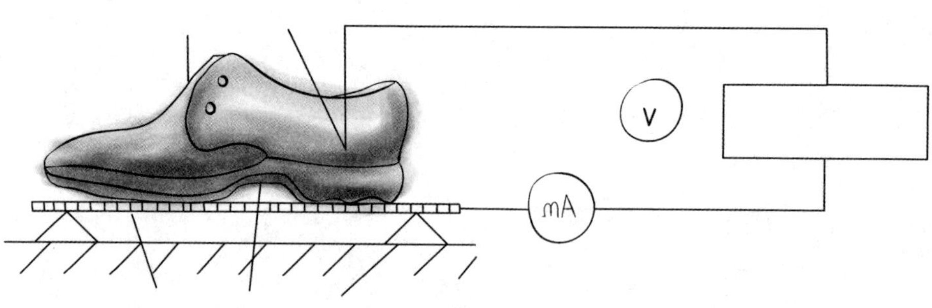

由于人的身体能导电，大地也能导电，如果人的身体碰到带电的物体，电就会通过人体传入大地，于是就引起触电。但是，如果人的身体不与大地相连，比如穿了绝缘胶鞋或站在干燥的木凳上，电流就不成回路，人就不会触电。举个例子，这就好比自来水一样，关了水龙头，水就无法流通。

另外，如果人站在地上左手单手触电，电流就经过身躯的心、肺再经左脚入地，这是最危险的途径。如果是双手同时触电，电流途径是由一只手到另一只手，中间要通过心肺，电路形成一个回流，这也是很危险的。如果是一只脚触电，电流途径是由这只脚流入，另一只脚流出，危险性同样有，但对人体的伤害，要比以上两种途径轻一些。

但是，无论是哪种途径，只要电流经过人体的时间稍长，都会造成死亡。

当通过人体的电流超过人能忍受的安全数值时，肺便会受到伤害，停止呼吸；心肌失去收缩跳动的功能，导致心脏的心室颤动，“血泵”不起作用，全身血液循环停止。血液循环停止之后，引起细胞组织缺氧，在15秒钟的时间内，人便失去知觉；再过几分钟，人的神经细胞开始麻痹，继而死亡。

人触电伤害程度的轻重，与通过人体的电流大小、电压高低、时间长短以及人的体质状况等有直接关系。我国规定36伏及以下为安全电压。超过36伏，就有触电死亡的危险。另外，触电时间越长，危险性越大。因为触电者无法摆脱电源时，肌肉收缩能力会很快下降，进而心力衰竭，窒息，昏迷休克，乃至死亡。对一般低压触电者的抢救工作，如果耽误的时间超过15分钟，便很难救活。

浩浩说：“原来电这么危险啊。”

爸爸说：“是的！这就需要你平时认真学习安全用电知识，提高自己防范触电的能力，不进入已有危险标志的场所。不乱动、乱摸电器设备，特别是当身体出汗或手脚潮湿时，不要操作电器设备。”

浩浩认真地点了点头。

奇趣小知识：

鸟儿在电线上不会触电，因为小鸟两脚距离比较接近，所以两脚间电压较小，电流在小鸟身上产生不了回流，所以鸟儿在电线上不会触电。

光线归一——螺丝旋状的灯泡

为了响应节能省电的号召，爸爸将家里的白炽灯都换成了日光灯，浩浩觉得非常奇怪。

“爸爸，为什么日光灯比白炽灯省电呢？它们都是一样可以照明的吗？”浩浩问。

爸爸回答说：“虽然同样都能照明，但白炽灯是靠电流通过钨丝产生高温达到白炽状态发光，大部分电能转化成光能。而日光灯产热少，所以节能。”

日光灯两端各有一条灯丝，灯管内充有微量的氩和稀薄的汞蒸气，灯管内壁上涂有荧光粉，两个灯丝之间的气体导电时发出紫外线，使荧光粉发出柔和的可见光。

白炽灯是将电能转化为光能，以提供照明。它的工作原理是：电流通过灯丝，灯丝的成分是钨，熔点很高，可以达到3000多摄氏度。电流通过时，产生热量，螺旋状的灯丝不断将热量聚集，使得灯丝的温度达2000摄氏度以上，灯丝在处于白炽状态时，就像烧红了的铁能发光一样而发出光来。灯丝的温度越高，发出的光就越亮。故称之为白炽灯。

然而，从能量的转换角度看，白炽灯发光时，大量的电能将转化为热能，只有极少一部分可以转化为有用的光能。

这也是日光灯为什么比白炽灯省电的原因。

浩浩点点头，说：“那我们以后去爷爷奶奶家的时候，也将他们家的白炽灯换成日光灯。”爸爸点点头。

爸爸继续引导浩浩：“你看我们以前用的白炽灯和现在用的日光灯有什么一样的地方？”

浩浩看了看，说：“白炽灯里面的灯丝是螺旋状的，而日光灯也是螺旋状的，为什么啊？”

爸爸说：“你观察得很仔细。”

不管是日光灯还是白炽灯，它们的结构都是由灯丝、支架、引线、泡壳和灯头等组成的。小功率的灯泡，主要指功率在40瓦以下，内部是真空的；大功率的灯泡内部充有氩、氮或氩氮混合气体，这些气体称为惰性气体。

惰性气体，又称钝气、稀有气体、贵重气体，由于它们固有的特征，不容易与其他元素化合，而仅以单个原子的形式存在。因而在常温下，它们都不会液化。

这些气体可以有效地抑制灯丝的蒸发，延长灯泡的寿命，或在维持相同寿命条件下，提高灯丝的温度从而提高发光效率。但是灯泡内充入气体后，热传导和热对流的作用将使灯丝的功率损失一部分。因此对于小功率的灯泡充气，其效果是得不偿失的。

灯丝的材料是钨丝，把它加工成单螺旋、双螺旋及多重螺旋等形状，做成螺旋状，相对减少与外界的接触面，使发光体更为集中，不利于散热，使热量较集中。这样最大限度地将电能转化为光能，从而减少气体的热导损失，提高发光效率，达到照明的目的。

浩浩听了之后，说：“原来小小的灯泡还有这么多的科学知识呢。”

奇趣小知识：

观察家庭用的白炽灯和日光灯、广场上用来照明的高压水银灯和高压钠灯、用来装饰做广告的彩色霓虹灯，你会发现除了霓虹灯没有灯丝外，其他灯都有灯丝。

幻影绝技——奇幻的魔术表演

浩浩和爸爸一起去观看了一场魔术表演，魔术师出神入化的表演，让很多看起来不可能实现的现象在现实中真真切切地展现在观众的面前。

表演结束之后，浩浩依旧在回味着刚刚精彩的表演。

浩浩问："爸爸，刚刚有个人没有身体，只有头颅，为什么还能活着呢？"

浩浩所说的是魔术表演中的一个表演项目：经过魔术师的"变化"之后，观众只看到一张桌子上面放着一个盘子，而在盘子中居然是一个活生生的人头，眼睛会动，能够说话、唱歌，还能够吃东西，乍看上去和正常人没有什么两样。奇怪的是，桌子下面并没有躯干。尽管人们因为障碍物隔开而不能靠近桌子，但是通过现场的大屏幕，依旧可以清晰地看到桌子下面一片空白。

这个魔术一经上演，现场的观众都发出惊叹声，尤其是这个人从桌子里钻出来的时候，更是让人们如痴如醉，感觉到了世界的奇妙。

其实，这个魔术的表演利用了镜子的反射原理。

表演的时候，并不是只有一个头颅，表演者只需要坐在特制的道具里，桌子的前面看起来之所以是空的，只是因为魔术师在桌子腿前面放上了一块镜子。当然，这块镜子也是特制的，镜子不会照到现场的观众，也不会照到舞台上的其他东西。

具体的表演过程是这样的：

魔术师会将特制的道具搬到舞台上来，道具就是一个特制的看起来空空如也的桌子，上面下面什么都没有。这个时候，魔术师的手中会拿过来一个盒子，而盒子同样是空的，魔术师会把盒子放到桌子上面，这个时候前面会用布遮住片刻。很短的时间过后，用来遮挡的布被撤下去，呈现在观众眼前的就是传说中的人头了。

毫无疑问，桌子上会有一部分是空的，一个人会在镜子的遮挡下坐在桌子下面，从桌面的洞里把头伸到没有底的盒子里。

这就是整个魔术的过程。

听完了爸爸的讲解之后，浩浩问："那为什么现场看起来那么真呢？"

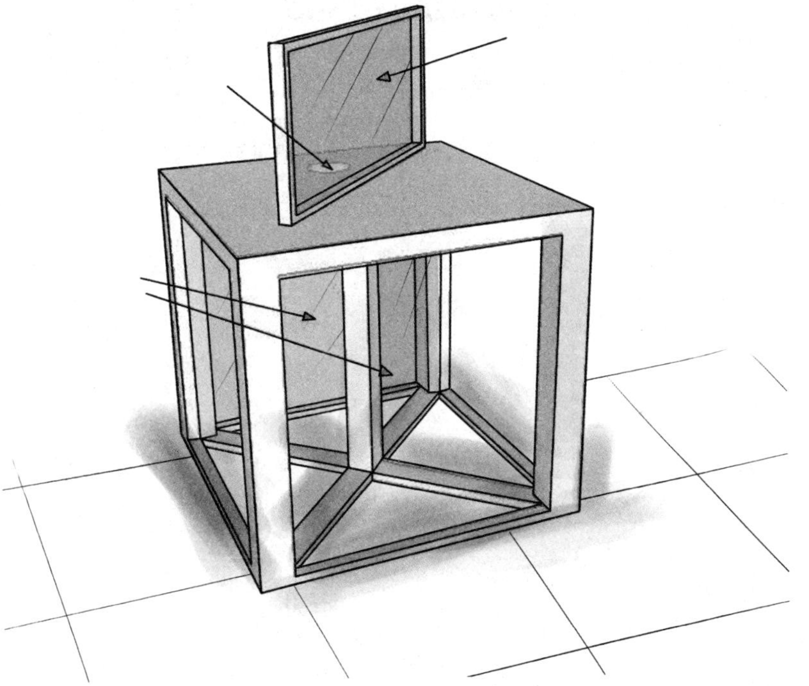

爸爸说："那是借助灯光等其他的效果，所以让魔术看起来更加梦幻。"

魔术是一种以迅速敏捷的技巧或特殊装置把实在的动作掩盖起来，使观众感觉到物体忽有忽无、变化莫测的杂技。魔术把生活中人们觉得不可思议的事情，呈现在视觉上。

但是，魔术不是真实的，是一种供人欣赏的杂技表演。

奇趣小知识：

常常能够看到魔术师表演将碎牌变成人民币的魔术，其实，这很简单，魔术师预先准备一张人民币，把它折叠成一小块。左手食指与中指并拢一起，捏住扑克牌的下端，折叠的人民币捏在食指、中指、和纸牌中间。展示牌时，人民币被遮盖住然后当面把牌撕碎，双手合拢，将碎牌夹带出来，留下叠成小块的人民币，展开在手心，把钱展示给观众，这样就成功了。

看到了这些讲解，你也可以试着表演一下。

火焰神掌——用冰也能够取火

在生活中，我们经常使用打火机、火柴等取火，但是你相信用冰也可以取火吗？也许你会觉得不可思议，下面让我们来告诉你这个方法。

浩浩放学回家之后，对爸爸说：“爸爸，我们学校准备举办一个发明比赛，每个人都要做出一个小发明来。”

爸爸问：“那你准备做什么样的小发明啊？”

浩浩回答说：“我准备做一个用冰取火的发明。我在一本书里面看到过这个实验，但是我觉得不可能，所以我想通过这个机会证明一下。”

爸爸说：“你想证明书中的结论，这值得鼓励。不过这会有点困难，你要做好思想准备。”

浩浩认真地点点头说：“我要做成这个发明，为班级争光。”

说干就干，浩浩拿出事先准备好的冰块，开始了实验。

用冰取火，原理就是利用凸透镜对光的会聚而产生热的作用。

凸透镜俗称放大镜，是根据光的折射原理制成的，是一种中间部分较厚，边缘部分相对较薄的透镜。因为凸透镜有会聚光线的作用故又称聚光透镜，较厚的凸透镜则有望远、发散或会聚光线的作用，这与透镜的厚度有关。

将平行光线，比如太阳光，垂直于凸透镜，射入凸透镜，光在透镜的两面经过两次折射后，集中于一点，此点叫作凸透镜的焦点，将光线聚为一点，焦点的温度会迅速升高。

简单来说，这就涉及物理中几何光学的原理了。光通过两种介质的界面时，要发生折射。凸透镜是一种光学元件，它对光有会聚作用。让一束平行光通过凸透镜，光线会聚焦点，从而使热量集中到焦点上。如果在焦点处放些易燃物质，易燃品就会燃烧起来。

人们找来大小适度的一块冰，首先将冰磨制成一个凸透镜。然后，利用太阳光找到冰凸透镜的焦点，便可利用此冰凸透镜引燃火种。这就是所谓用冰取火的奥妙。

冰块可以用来制造透镜，因此也就可以用来取火，只要它相当透明就行。冰在折射光线的时候，本身并不烧热和熔解，它的折射率只比水略低一些，因此可以用冰块透镜来取火。

其实，用冰磨制凸透镜是一件非常辛苦的事情，在严寒的冬天，要想用小刀、砂纸之类的东西，做出一块透明的冰块透镜是很困难的。但是还可以用一个很简单的方法来做这种冰块透镜：把水加到有合适形状的碟子里，让它结冰，然后把碟子略热一下，便可以把做好的透镜拿出来了。

对于这个实验，还有一点一定要注意：一定要在晴朗而严寒的天气且在露天里做，不要在房间里面隔着窗玻璃来做，因为玻璃会吸收太阳光里的大部分热能，剩下来的热能将不够引起燃烧。

浩浩听了之后，对爸爸说："我终于知道原理了，这次我一定会在学校的小发明比赛上获奖的。"

凸透镜是中间厚，两边薄，而凹透镜则是中间薄，两边厚。同理，凸透镜对光线有会聚作用，凹透镜对光线有发散作用。

学生们佩戴的近视镜就是凹透镜，近视眼是由于眼睛的过度疲劳或发生病变引起的眼球变化，使物体成的像落在视网膜前，这样人就看不清物体。凹透镜对光线有发散作用，能使平行光向稍远的地方会聚，这样，近视眼佩戴凹透镜，就能使物体成在视网膜前的像，落在视网膜上，使人能看清物体。而老人们常戴的老花镜是凸透镜，原理和近视镜相反。

奇趣小知识：

在电视、电影中经常能够看到一些人佩戴夜视镜，夜视镜是借助光电成像器件实现夜间观察的一种光电技术，主要通过带像增强管的夜视镜，对夜天光照亮的微弱目标像进行增强，以供观察的光电成像技术。

一擦灵——火柴的谜底

很多人都听过《卖火柴的小女孩》的童话故事，讲的是一个卖火柴的小女孩在一个大雪纷飞的夜里叫卖她的那几根火柴。在富人合家欢乐、举杯共庆的夜晚，小女孩无奈地擦着了几根火柴，嘴角带着微笑冻死在街头的故事。小女孩嘴角带着微笑和奶奶一起去了天堂，故事中小女孩擦燃火柴的美好幻想与她饥寒交迫的现实生活形成了鲜明的对比。

当看到这个故事的时候，很多人对火柴都有着一种难以割舍的感情。

火柴是如何发明的呢？

根据历史记载，世界上第一根火柴是法国化学家钱斯尔发明的硫酸火柴。那根火柴又粗又长，火柴棒的一端涂有氯酸钾、蔗糖等混合而成的物质，使用时将它与浓硫酸接触即可燃烧。尽管这种方法比当时的用石块撞击生火要方便得多，可是这种火柴的价格太贵，而且浓硫酸有很强的腐蚀性，很容易出事故，因此没有得到普及。

其实，11世纪初在我国就出现了火柴的雏形。北宋初年，民间用沾着硫黄的棒条摩擦引火，人们称它为“发烛”，由于当时的条件有限，它也不是人类理想的引火工具。

火柴的真正问世，当属磷头火柴的使用。

1669年，德国科学家布朗特冶炼各种金属，企图从中炼出黄金。一天，他把白砂和小便放在曲颈瓶中加热，当火烧得很旺时，突然从瓶里冒出一股白烟，凝结成一团白蜡样的东西。这团东西在黑暗中会闪闪发光，遇到空气就会自燃起来。布朗特给这种“怪物”取名磷，意思是发光体。他将磷的秘密高价卖给了一个富商。

1677年，富商将这种物质交给当时著名的科学家波义耳，让其投入进行研究。经过研究，波义耳掌握了制磷的技术，并开始了制造火柴的试验。

1680年，最原始的火柴出现了，在木质细棒的一端涂上硫黄，在粗纸上涂有磷，取火时将细棒在纸上摩擦，就会点燃细棒。但是由于当时制磷成本很高，未能推广使用。

1775年，瑞典化学家舍勒用硫酸与煅烧过的骨骼一起加热的方法成功地提取了磷。10年后，欧洲市场上出现了“磷头小烛”。一根涂有蜡质的灯芯，一端附上一小块白磷，密封在一只小玻璃管里。使用时只需打开玻璃管，白磷就使“小烛”燃烧起来。

19世纪初，英国化学家约翰·华克试制一种猎枪上用的发火药时，无意中制成了世界上最早的摩擦火柴。因为这种白磷有剧毒，使用不安全，不久就遭到各国禁用。

后来法国人改进了配方，用一种称为三硫化四磷的物体代替白磷做发火剂，这就是现代火柴的雏形。然而这种火柴在粗糙固体表面摩擦能起火，甚至放在衣袋里稍一摩擦也会自燃，自然不够安全。

1845年，德国人施罗脱将白磷隔绝空气加热到250℃制成了红磷。从此，人们开始用红磷制火柴。

1880年，瑞典人在上海开了一家瑞典瑞商洋行，生产和经营火柴。全套机器设备都是瑞典的，甚至连火柴盒上的商标也是国外印刷的。他们利用产品价格低廉的特点，在我国市场上获取了大量利润。

新中国成立后，我国的工业得到巨大的发展，火柴工业也迅速发展，同时品种不断增加。例如，火柴技术人员成功地制造了抗风火柴、防水火柴、无梗火柴、彩色火柴、烟幕火柴、信号火柴等等。

奇趣小知识：

磷有白磷、红磷、黑磷三种同素异构体。白磷又叫黄磷，为白色至黄色蜡性固体。白磷活性很高，必须储存在水里，人吸入0.1克白磷就会中毒死亡。白磷在没有空气的条件下，加热到260℃或在光照下就会转变成红磷，而红磷在加热到416℃变成蒸汽之后冷凝就会变成白磷。红磷无毒，加热到240℃以上才着火。在高压下，白磷可转变为黑磷，它具有层状网络结构，能导电，是磷的同素异形体中最稳定的。

奇迹时刻——一滴水做放大镜

根据天气预报，即将到来的夏季会非常热。为防止爷爷奶奶中暑，爸爸特地为爷爷家购买了一台新空调，用来降暑。

关于这台新空调的使用说明书，却出现了问题。爷爷由于年龄大，眼睛有点花，而说明书的字又比较小，爷爷看不清楚。家里又没有现成的放大镜，这可怎么办呢?

这个时候，妈妈走过来，对浩浩说："现在可是你动脑筋的好时机了。"

浩浩说："这儿离集市这么远，我怎么跑去买放大镜呢?"

妈妈回答说："你可以用一滴水做成放大镜啊。"

听到妈妈的这句话，浩浩觉得很纳闷，水滴小小的，怎么能够变成放大镜呢?

妈妈说："用一滴水可以做成放大镜的。"

浩浩回答说："如果你这么说的话，那海洋岂不是由无数个大大小小的放大镜组成的了?"

妈妈没有立即回答浩浩的话，而是趴在浩浩的耳朵边，悄悄地说了几句话。浩浩明白了妈妈的意思，他立即着手，准备做一个自制的放大镜。

首先，他找来一张硬纸，在上面钻了一个小小的洞。接下来又从爷爷的家里找来一块保鲜膜，盖住了这个洞，接下来又往保鲜膜上滴了一滴水。

做好这一切之后，浩浩迫不及待地跑去看自己的成果，结果什么都没有看到。

妈妈见了之后，笑着说："你这个洞钻得太小了，再钻大一点就好了。"

于是，浩浩便撕下保鲜膜，把洞钻大了一点，再把保鲜膜固定在硬纸板上。接下来滴了一滴水，对着说明书的字看了看，果然变大了许多倍。

浩浩简直不敢相信自己的眼睛，又看了很多字，这些字果然都被放大了。拿着这个简易的放大镜，爷爷能够清楚地看到说明书上的字了。

尽管实验成功了，但浩浩仍然感到迷惑不解。于是，他便好奇地问妈妈："妈妈，为什么水滴会变成放大镜呢？而一盆水甚至更多的水，为什么不会变成放大镜呢？"

亲爱的小读者，你知道这一切是怎么回事吗？为什么一滴水能够变成放大镜，而整盆水却不能呢？

如果你仔细观察一下放大镜，会发现放大镜的形状是中间厚，边上薄，如果你再仔细观察用水滴做成的放大镜的形状，同样能够发现这滴水的形状也是中间厚，边上薄。从物理学上来说，这是一个凸透镜，当我们把这个凸透镜用来做放大镜的时候，恰好符合物距①小于焦距②的原理，就会在同侧成放大的正立虚像③。因此，水滴此时就变成放大镜了。

在妈妈详细地讲解了这一切之后，浩浩恍然大悟，说："科学世界真是奇妙！"

奇趣小知识：

在生活中，常常看到一些老人，他们所戴的眼镜就是老花镜，它属于凸透镜的一种，物理原理是利用凸透镜的会聚作用，使近处物体发出的光线会聚，经过晶状体成像在视网膜上。

---

① 物距，指的是物体到平面镜之间的距离，在物理学中，物距的物理符号是u，单位为长度的国际单位米。

② 焦距，简单来说，是光学系统中衡量光的聚集或发散的度量方式，指平行光从透镜的光心到光聚集之焦点的距离。日常生活中常用的照相机，从镜片中心到底片等成像平面的距离。

③ 虚像，如果把一块玻璃板作为平面镜，在前面点上一根蜡烛。此时，平面镜后面并没有点燃的蜡烛，但是我们却看到平面镜后面好像有蜡烛。这个平面镜后面的蜡烛就是虚像。

夜半“鬼火”——令人毛骨悚然的“鬼火”

住在乡下的爷爷今天到城里来看望浩浩，刚见到浩浩，就将自己昨天见到的情形说给浩浩听。

爷爷说：“昨天夜里阎罗王到村子里去了，牛头马面提了两个大灯笼，现在大家都人心惶惶的。”

浩浩急忙问：“这是怎么回事？”

爷爷说：“昨天晚上，我刚吃完饭，就听见有人喊，我出村之后，在村后面看到两个好大的火团，发出浓绿色的光，忽隐忽现，很多人都说是阎王要去村子里面收人了，很多人都非常害怕。”

浩浩想了想，顿时明白了爷爷说的“鬼火”是什么。

他对爷爷说：“爷爷，你不要害怕，那不是‘鬼火’，那是一种很正常的自然现象。”

爷爷说：“就是‘鬼火’，而且还会追着人跑。”

浩浩知道直接对爷爷说出真相，爷爷可能不会相信，就转而使用了另外一种方法。

“爷爷，‘鬼火’是不是出现在坟墓之间？”浩浩问。

爷爷点点头。

“昨天村里肯定是阴天，而且肯定很闷热吧？”

爷爷很惊奇，说：“你怎么知道的？你昨天没有去乡下啊？”

浩浩接下来才将事情的真相告诉了爷爷。

“鬼火”就是“磷火”，通常会在农村，阴雨的天气里出现在坟墓间，是一种很普通的自然现象。它是这样形成的：人体内部，除绝大部分是由碳、氢、氧三种元素组成外，还含有其他一些元素，如磷、硫、铁等。人体的骨骼里含有较多的磷化钙。人死了，躯体埋在地下腐烂，发生着各种化学反应。磷由磷酸根状态转化为磷化氢，磷化氢是一种气体物质，燃点很低，在常温下与空气接触便会燃烧起来。磷化氢产生之后沿着地下的裂痕或孔洞冒出，到空气中燃烧，发出蓝色的光，这就是磷火，也就是人们所说的“鬼火”。

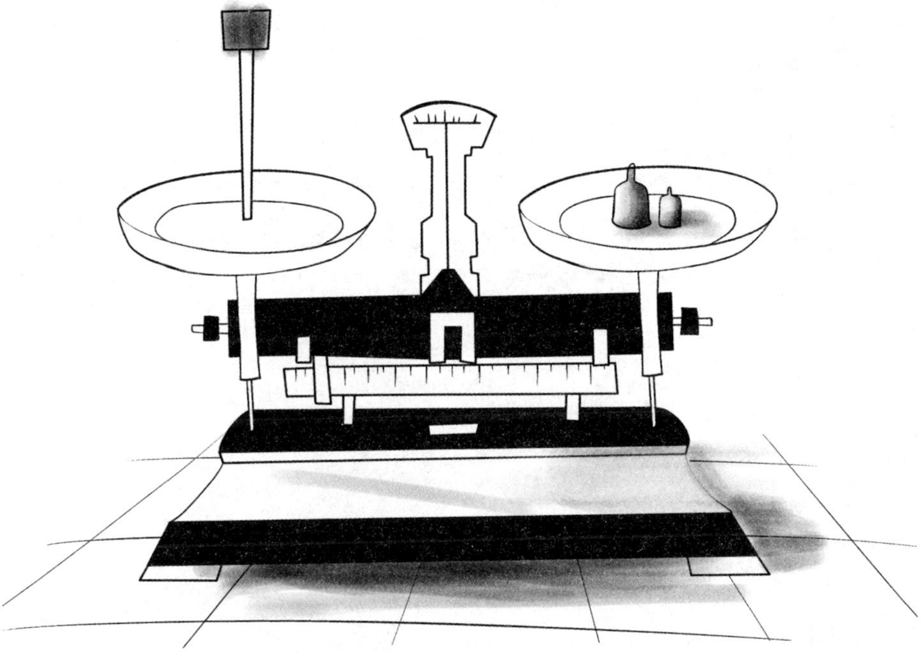

“鬼火”之所以多见于盛夏之夜，这是因为盛夏天气炎热，温度很高，化学反应速度加快，磷化氢易于形成。由于生成的磷化氢中往往又混有联膦，而联膦的着火点非常低，常温下遇氧气即可自燃。那微量的联膦自燃以后，产生的温度又引燃了磷化氢，于是产生“鬼火”的现象。

因为人的骨头里含有磷，磷与水或者碱作用时会产生磷化氢，磷化氢是可以自燃的气体，重量轻，风一吹就会移动。

另外，“鬼火”追着人“走动”，是因为在夜间，特别是没有风的时候，空气一般是静止不动的。由于磷火很轻，如果有风或人经过时带动空气流动，磷火也就会跟着空气一起飘动，甚至伴随人的步子，你慢它也慢，你快它也快；当你停下来时，由于没有任何力量来带动空气，所以空气也就停止不动了，“鬼火”自然也就停下来了。走路的时候会带动它在后面移动，回头一看，很吓人的，所以被那些胆量小或者迷信的人称作“鬼火”。

爷爷听了之后，高兴地说：“浩浩，你懂得的知识真多！”

奇趣小知识：

最常见的磷有白磷和红磷两种，都是由磷原子构成的，白磷的着火点只有40℃，颜色为黄色，剧毒。而红磷的着火点却高达260℃，颜色为赤红色，毒性强。“鬼火”多半是由白磷自燃造成的。

隐身法术——水中的鱼儿也会隐身

在乡下爷爷奶奶家的时候，浩浩跟着爷爷和爸爸到村口的小河里去抓鱼，说道抓鱼，浩浩觉得非常有趣。如果你想抓到更多的鱼，还需要掌握一个诀窍。

下到河里的时候，爷爷和爸爸一抓一个准，但是浩浩却总是抓不住。费了好大劲，看到鱼在哪个方向，却总是抓不住，让浩浩有点泄气。

浩浩抱怨说："爸爸，我这里的鱼会隐身，我根本就抓不住它们。"

爸爸听了之后，笑着问："你是怎么抓的啊？"

浩浩说："当然是找准鱼的位置了。"

爸爸说："你往你看到的鱼的位置向下抓，就可以了。"

浩浩不解地问："为什么？"

这是由于光的折射原理。

光从一种介质斜射入另一种介质时，传播方向发生偏折，这种现象叫作光的折射。光从空气斜射入水中或其他介质时，折射光线向法线方向偏折。

简单来说，光的折射与光的反射一样，都是发生在两种介质的交界处，只是反射光返回原介质中，而折射光会进入到另一种介质中。由于光在两种不同的物质里传播速度不同，因此在两种介质的交界处传播方向发生变化，这就是光的折射。

另外，光从空气斜射入水或其他介质中时，折射光线与入射光线在同一平面上，折射角小于入射角，入射角增大时，折射角也随着增大。当光线垂直射向介质表面时，传播方向不变，在折射中光路可逆。

由于折射角小于入射角，鱼儿在清澈的水里面游动，可以看得很清楚。然而，沿着你看见鱼的方向去捉它，却捉不到。有经验的渔民都知道，只有瞄准鱼的下方才能叉到鱼。

同样的道理，从上面看水或者玻璃等透明介质中的物体，会感到物体的位置比实际位置高一些。这就是光的折射现象引起的。

另外，由于光的折射，池水看起来比实际的浅。所以，当你站在岸边，看见清澈见底，深不过齐腰的水时，千万不要贸然下去，以免因为对水深估计不足，惊慌失措，发生危险。

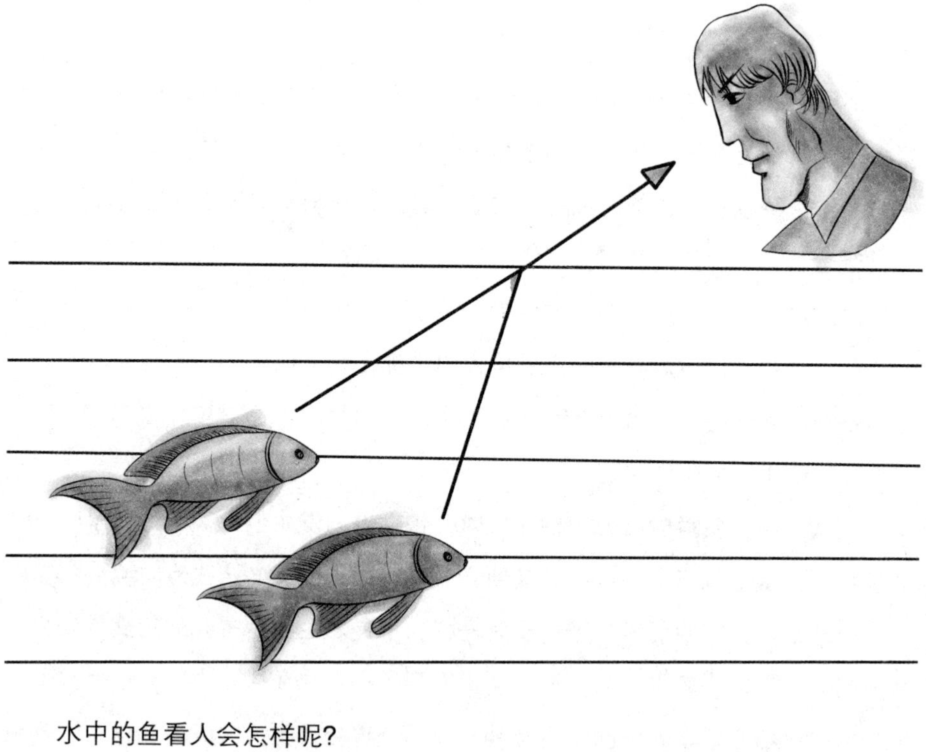

水中的鱼看人会怎样呢?

同样的道理，由于光线是可逆的，这个时候鱼看人的位置也是不准确的，认为人的位置变高了，正确的位置是在看到的位置稍微向下。

明白了这些道理之后，浩浩瞅准一条鱼，猛地向它下面的位置抓住，果然抓住了，浩浩兴奋得手舞足蹈。

奇趣小知识：

把一块厚玻璃放在钢笔的前面，从表面看来，钢笔好像“错位”了，发生了断裂，这种现象也是光的折射引起的。

第四章　亲手制造神秘的科学现象

超级清洁工——清除讨厌的水垢

浩浩家的太阳能热水器最近水温相比以前有点低，爸爸打开一看，发现里面结了一层水垢。

浩浩不理解，问：“爸爸，水垢是什么？它是怎么出现的？”

爸爸回答说：“水受热后会从中沉淀出一种白色的化合物和杂质的混合物，这就是水垢。”

水垢形成的原因与水质有关，水有硬水和软水的区别，硬水是指含有钙、镁、盐类等矿物质的水，河水、湖水、井水和泉水都是硬水。城市中经常饮用的自来水是河水、湖水或者井水经过沉降，除去泥沙，消毒杀菌后得到的，也是硬水。同样，软水是指含钙、镁、盐类比较少的水，比如刚下过的雪，雪水里不含矿物质，是软水。

硬水随着温度的升高，一部分水蒸发了，本来不好溶解的硫酸钙沉淀下来。原来溶解的碳酸氢钙和碳酸氢镁，在沸腾的水里分解，放出二氧化碳，变成难溶解的碳酸钙和氢氧化镁[$Mg(OH)_2$]也沉淀下来。这就是水垢的来历。

对于水垢而言，只要水温超过60℃，尤其在水质比较硬的北方，肯定会有水垢产生，在日常的水壶、锅炉中都会有水垢存在。

水垢的导热性很差，会导致受热面传热能力受影响，从而浪费燃料或电力。另外，水垢如果胶结于热水器或锅炉内壁，还会由于热胀冷缩和受力不均，极大地增加热水器和锅炉爆裂甚至爆炸的危险性。

除此之外，硬垢胶结时，也常常会附着大量重金属离子，如果该容器用于盛装饮用水，会有重金属离子过多溶于饮水的风险。因此，硬垢的危害是显而易见的，需要定期清洗水垢。

在家庭生活中，清除水垢的方法通常是使用物理方法，比如刮除法。但是，在太阳能热水器内部各桶器壁及管道之间附着的水垢，物理方法无法清除，必须采用化学清洗方法祛除。

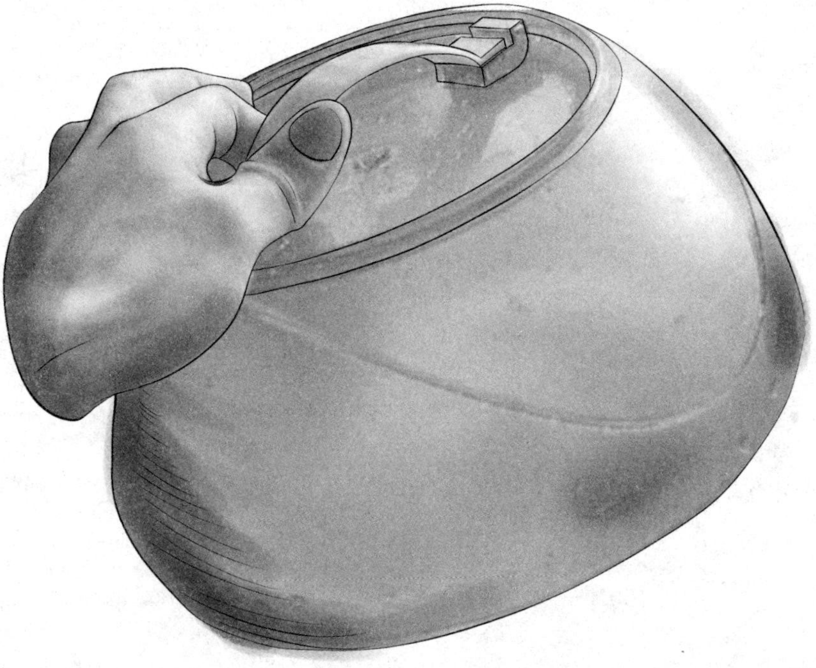

由于太阳能热水器内部器壁沉结的水垢，质地比较疏松，用化学清洗的方法还是比较容易清除的。清洗水垢的清洗剂最好选择酸性相对适中的食品酸，如白醋、柠檬酸等，其次可选用添加缓蚀剂的盐酸清洗，这种酸可以保证太阳能热水器内桶中的铬、镍不被腐蚀。

具体清除方法是将几勺白醋放入水中，加热一段时间，水垢即除。

白醋的成分是醋酸和水，白醋与碳酸钙在加热的条件下反应，生成醋酸钙，醋酸钙可以溶于水。这样，水垢就可以清除了。

奇趣小知识：

除了白醋以外，还可以通过小苏打除水垢，用结了水垢的铝制水壶烧水，在水中放一小匙小苏打，烧沸几分钟，水垢即除。

大力神功——让你站不起来

爸爸和浩浩进行了一个非常有趣的小游戏，爸爸让浩浩从椅子上站起来，浩浩说：“这非常简单，只要是身体健康的人，都可以很轻松地站起来。”

爸爸说：“是吗？”

接下来，爸爸让浩浩用一种很奇怪的方法从椅子上站起来：坐到椅子上去，把上身挺直，不准向前倾，两只脚与椅子腿保持平行，同时不准把两只脚移到椅子底下去。接下来，不许改变两脚的位置，让浩浩试着站起身来。

浩浩觉得这很简单，然而，当起身站立时，却发现怎么样也站不起来。

聪明的小朋友，你也可以亲身参与到实验中，看能否站起来。

是不是觉得很不可思议？无论你花多大力气，只要不把上身向前倾或者把两脚移到椅子底下去，你就休想站得起来。

要搞懂这个问题，先来弄明白平衡力这个概念。

平衡力是指作用在同一点上的、矢量和为0的几个力。说得简单一些，对于两个力，如果它们大小相等，方向相反，作用在同一物体上，那么这两个力就是一对平衡力。

比如世界著名的比萨斜塔，之所以能够倾斜不倒，是因为从重心引垂下来的竖直线没有越出它的底面，才没有倒下，也就是说，才能够保持平衡。

当然，比萨斜塔没有倒下，还有很多其他的缘故，比如建筑物的基石都是深埋在地面以下的，它所受到的力大于斜塔本身的所有的重力。

人之所以能够站立，是因为从人的重心引下的竖直线保持在两脚外缘所形成的那个小面积以内，身体各部分受力均衡。

然而，如果收起一只脚，只有一只脚站立在地上，尽管依靠身体各部分的运动能够保持平衡，但也会比较困难。

当然，并不是依靠双脚就能够完全站立的，比如双脚站立在钢索上，但依然不能够保持平衡，就是因为底面太小，从重心引下的竖直线很容易超出它的底面的缘故。

在电视上或者在现实中，我们经常能看到一些生活在非洲的人，他们的头上会顶着一些东西，比如木头、粮食、水果等，只有你想不到的，没有你看不到的，他们几乎都能用头顶起来，而且根本不需要用手扶，行动起来轻松自如。

这可不是他们拥有某种神功，而是熟能生巧，不过只要你仔细观察，就会发现他们的姿势非常匀称，头部和上身保持笔直的状态。这就是为了保持物体受力平衡，否则，只要有一点偏斜，从重心引下的竖直线就会有越出底面范围的危险，那么人体的平衡就要被破坏了，物体肯定就会掉下来了。

坐在椅子上的人，他的身体的重心位置是在身体内部靠近脊椎骨的地方，比肚脐高出大约20厘米。试从这点向下引一条竖直线，这条竖直线一定通过椅子，落在两脚的后面。但是，一个人要能够站起身来，这条竖直线却一定要通过两脚之间的那块面积。

因此，要想站起身来，我们一定要把胸部向前倾或者把两脚向后移。把胸部向前倾，是要把重心向前移；把两脚向后移，却是使原来从重心引下的竖直线能够落在两脚之间的面积内。我们平常从椅子上站起身来的时候，就是这样做的。

奇趣小知识：

平时我们看到一些惊险的杂技表演，演员们可以在空中做出各种高难度的动作，但不管怎么做，他们始终都在保持平衡，重心一直在身体能够控制的范围内，同时利用各种道具，比如木棍，甚至是自己的手臂来保持身体的平衡。

降龙十八掌——成为武林高手

浩浩和爸爸妈妈在看《神雕侠侣》，电视剧中的郭靖打出了一招威力强大的降龙十八掌，打倒了一大片敌人。浩浩羡慕地说："我要是学会了降龙十八掌，一定像郭靖一样，扬善除恶。"

爸爸哈哈大笑，说："其实，你也能够练成降龙十八掌。"

浩浩非常惊讶，问："我真的能够练成降龙十八掌吗？你有降龙十八掌的秘籍吗？"

爸爸摇摇头，说："不过，我能够让你知道你的掌风。"

只见爸爸把一张薄纸剪成了长方形，剪好之后，按照这张纸的横直两条中线各对折一次。再把纸展开。毫无疑问，两条折痕的交点就是这张长方纸片的重心。

然后，爸爸从家里找出来一个针，将针竖起来，把针的位置固定好之后，将这张薄薄的纸片放到了针尖上面，使针尖恰好顶着这一点。

根据常识，这张纸片会在针尖上保持平衡，不会掉下来，因为针是顶在它的重心上。只要轻轻地吹一下，这张纸片会很快旋转起来，但不可以用力吹，不然会把它从针尖上吹下来的。

当然，到了这里，这个小玩意儿还看不到什么神秘的现象。

然后，只见爸爸把手放到这张纸片旁边，将手轻轻移过去，奇怪的现象发生了：纸片旋转起来，起初很慢，渐渐快起来了。

浩浩顿时瞪大了眼睛，然后爸爸把手悄悄地拿开，纸片立刻停止旋转，安安静静地贴在针尖上。可是把手慢慢靠近的时候，纸片又旋转起来。

爸爸对浩浩说："你看到了吗？刚刚纸片旋转起来，就是我的掌风。只要我稍加练习，就能够练成降龙十八掌了。"

浩浩说："爸爸，你真的有掌风吗？"

其实，浩浩的爸爸根本不会什么降龙十八掌，他所谓的掌风，看完下面的解释你或许就会明白了。

在特殊的装置下，手掌接近后，纸条会转起来，而这种力量一直被认为是人体内的超能力。在20世纪70年代，当时的很多报纸都陆续报道出人类身体内存在着超能力的现象，而能够拿出来作为证据的就是这个实验，在当时居然有很多人相信。尤其是一些信奉宗教的人，深信这个实验恰好证实了"人体能够发出神秘力量"，但在当时这个只是模糊的说法，谁也不能给予肯定。

后来经过一些科学家的研究发现，实际上这件事情的原理十分简单：手靠近纸片时，人体的温度将热量传给了纸下面的空气，下面的空气由于温度升高，就向上升起，当上升的空气碰到纸片，纸片就旋转起来，就像放在灯上的纸条卷会转动一样，因为纸片曾经折过，就造成了略略的倾斜。

知道了事情的原理之后，浩浩也禁不住试起来。果然小纸片也转动了，只是转的速度相比于爸爸而言，要慢了很多。

当然，做这个实验的时候，纸片总是按着一个方向旋转，它总是从手腕那边向手指那边转过去。这一点，解释起来也很容易。人手各部分的温度是不同的：手指的温度总比掌心低；因此，接近掌心的地方，就会造成比较强的上升气流，它对纸片所加的力量也比手指那边大。

奇趣小知识：

因为受到人体热量的影响，所以高热病人或者体温比较高的人做这个实验，纸片的转动速度会更快。

破镜重圆——切不断的冰

寒冷的冬天，爸爸带浩浩到公园去滑冰。浩浩玩得非常高兴，不断地大喊大叫，在旁边休息的时候，爸爸问浩浩："你知道你为什么能滑冰吗？"

浩浩说："因为我有冰鞋啊。"

爸爸又继续问："那你知道冰鞋为什么只能在冰上滑，不能到水泥地上滑吗？"

浩浩摇摇头。

冬天的时候，如果将一块冰从中间折断，然后再将折断的冰按照折断的缝隙放到一起，很快地，两块断冰又重新合在一起，俨然没有折断过一样。

两个冰块在压力的作用下能冻在一起，是由于冰块上那些比较突出的部分受到挤压，融化成低于0摄氏度的水，水流到两块冰之间的缝隙里，不再受压马上又凝结起来，把两块冰冻成一个整体。

是不是觉得很奇怪?

这个奇怪的现象是这样产生的：在手的压力下，冰块缺口的部分融化了，融成的水不再受压了，马上又结成了冰。冰是自然界唯一可以用来做这种实验的物质，穿着冰刀滑冰就是这个原理。

在寒冷的冬天，我们穿了冰鞋站在冰上的时候，用鞋底下装着的冰刀的刃口接触着冰面，言下之意就是，我们的身体所有的重量都压在很小很小的冰刀刀刃的面积上，一共只有几平方毫米的面积。这个时候，溜冰的人对于冰面所加的压强是非常大的。在这种极大的压强的作用下，哪怕是温度再低，冰也能够熔化。假如说，现在冰的温度是零下6摄氏度，而冰刀的压力把冰刀下面的冰的熔点减低的还不止4摄氏度，那么这部分的冰就要熔化了。

这个时候，在冰刀的刃口和冰面之间产生了一薄层的水，于是，溜冰的人可以借助着瞬间融化的水自由溜冰了。等他的脚滑到了另外一个地方，发生的情形也是一样。总之，溜冰的人所到的地方，在他的冰刀下面的冰都变成了一薄层水。

听到了爸爸的解释之后，浩浩说："今天我又学到新知识了。"

在现有各种物体当中，还只有冰具有这种性质，因此一位物理学家把冰称作"自然界唯一滑的物体"。

用这种方法可以解释日常生活中遇到的许多现象：在结冰的马路上撒沙子，车轮压在沙子上，由于接触面积小压强大，沙子下面的冰马上熔化，沙粒嵌入冰内冻结住，增大了车轮和冰面的摩擦。

奇趣小知识：

我们在滚雪球的时候，雪球会越滚越大，很多人认为这是雪之间的引力造成的，其实是不对的。滚在雪上的雪球因为它本身的重量使它下面的雪暂时熔化，接着又冻结起来，粘上了更多的雪。现在你也许会明白为什么在极冷的日子，雪只能够被捏成松松的雪团，而雪球也不容易滚大的原因了。

第五章　科学家发明的小故事

测量容积——用最简单的方式解决难题

发明大王爱迪生从小因为家里贫困，只上过三个月的小学，他的学问主要是依靠妈妈平时的家庭教育和自学得来的。正是这样特殊的经历，造就了举世闻名的发明大王。

爱迪生从小就勤奋好学，对很多事物都非常感兴趣，最重要的是，他喜欢亲自实践，直到明白了其中的道理为止。长大以后，他就根据自己的兴趣，一心一意做研究和发明的工作。

经过不断努力，后来他在新泽西州建立了一个实验室，专心进行各种电器的研究和设计。在电学、磁学和力学方面，因为爱迪生没有经过系统的学习，有些理论知识非常匮乏。为此，他的朋友为他寻找了一位助手，这个助手是名牌大学的优秀毕业生，对电学、磁学以及力学方面的理论知识非常精通。

因为出身的差别很大，爱迪生是没有上过几天学的人，而助手则是一个名牌大学出身的高材生，所以两个人经常出现一些分歧。慢慢地，爱迪生的助手有点瞧不起爱迪生，甚至有的时候，故意说出一些很难懂的理论知识来为难爱迪生。但爱迪生并没有放在心上，而是经常对他的助手说："人生太短暂了，要多想办法，用极少的时间办更多的事情。"

这天，爱迪生在实验室里工作，他递给助手一个没有上灯口的梨形空玻璃灯泡，说："你帮我量一下这种灯泡的容量。"说完之后，他又低头工作了。

他的助手看了看灯泡，自信地说："这太容易了！"

说完之后，助手立即投入到工作中，只见他一会儿用游标卡尺测量，一会儿又在草稿纸上画草图。不一会儿，草稿纸上密密麻麻地写满了各种各样的数学公式。可是几个小时过去了，他忙得满头大汗，还是没有算出结果。

爱迪生忙完了手头的工作，抬头看了看满头大汗的助手，问："结果测量出来了吗？"

助手摇摇头，说："这只灯泡的形状很不规则，要测量出容积，需要分别测量灯泡的球径，圆柱的半径和高度，接下来还需要计算球的体积和圆柱的体积……"

爱迪生大吃一惊，问："这么简单的问题怎么被你搞得那么复杂？"

爱迪生一言不发，拿起一个空灯泡，将一杯蒸馏水倒进去，然后将灯泡的外壁擦干，将水往量杯里一倒，指着量筒上的刻度说："这不就是答案吗？"

爱迪生的一系列动作，令助手目瞪口呆，好半天才结结巴巴地说："嗯……哦，是的，先生，的确很简单。"

爱迪生说："这是多么容易的测量方法啊！它既准确，又节省时间，你怎么想不到呢？还去算，那岂不是白白地浪费时间吗？"

从这件事之后，助手再也不敢瞧不起爱迪生了。

从爱迪生的例子可看出，解决问题的方法有许许多多，一个行不通，就转变思维，用另一个试试。直接的行不通，可以绕一个弯，借助其他的东西来完成，运用间接的办法，可以将难的问题转换成比较简单的问题。

奇趣小知识：

桌子上有四个一样的瓶子，请问，如何摆放才能使其中任意两个瓶口的距离都相等呢？答案很难，但同时也很简单。那么，答案是什么呢？

答案就是将三个瓶子放在正三角形的顶点，将第四个瓶子倒过来放在三角形的中心位置，这就是唯一的答案。

看到自己——镜子的发明

“魔镜魔镜告诉我，谁是世界上最漂亮的女人？”

看到这段话，很多人可能会会心一笑，这是童话故事《白雪公主》里面的经典台词，魔镜给了我们很深的影响。

可是有谁知道镜子是如何发明的呢?

中国的神话故事里，人类使用的第一面镜子就是嫫母发明的。传说嫫母有一次上山挖石板，当时正值中午，阳光普照大地。嫫母突然发现石头堆里有一块明光闪闪的石片，非常刺眼。嫫母弯腰用手轻轻从地里刨出来，拿在手中一看，不由得吓了一跳。因为她比较丑，自己丑陋的面孔全照在这块石片上。她悄悄把这块石片藏在身上，回到黄帝宫里没有对任何人讲这件事。四下无人时，又把石片取出来，发现石片的平面凹凸不平。嫫母到制作石刀、石斧的厂房，找了一块磨石，把石片压在上边反复摩擦，不大工夫，石片表面上全部磨平了。她用来一照，比刚才清晰多了。她又磨了一阵子，拿起来再一照，自己仍然很丑。嫫母自言自语地叹息说：“看来面丑不能怪石片（镜子）。”

其实这只是个神话故事，真正的镜子到底是如何发明的呢?

古时候，人类社会没有镜子，为了看到自己的身形，在平静而清澈的水面上观看自己的倒影。后来，原始人类在打制石器工具时，发现有一种叫“黑曜岩”的石头可以磨平照人，这就是所谓的“石镜”。

公元前3000年，现代镜子的雏形——青铜镜开始出现，古埃及人掌握了青铜的生产技术，同时，他们发现把青铜板打磨光滑后，可以照出人形来，这样，就发明了“青铜镜”。

14世纪初，地中海沿岸的意大利的玻璃产业得到迅速的发展，特别是威尼斯城生产的玻璃，驰名世界。偶然的机会，他们在试制彩色玻璃的过程中，发现加入二氧化锰以后，会使浑浊的玻璃液变得清澈，经过不断地试验，发明了透明玻璃。

出现了透明玻璃以后，意大利的一些大玻璃作坊的玻璃工匠们，便开始摸索用玻璃制造镜子的方法。做法是先将金属板磨得既平整又光滑，然后将它和玻璃合在一起，试图制成玻璃镜子。刚做好的时候确实不错，光洁照人。可是没过多久，镜子里面的人像就变得模糊不清了。原来这是由于水分和空气从金属与玻璃之间极细的缝隙中钻了进去，金属板被氧化了。

尽管人们尝试了很多种方法，但仍然没有解决金属板被氧化的问题。

16世纪初期，一个叫洛卡雷斯的玻璃工匠研制成功了实用的玻璃镜子。

他先把锡箔贴在玻璃面上，然后倒上水银，水银是液态金属，能够很好地溶解锡，随后，玻璃上形成了一层薄薄的锡与水银的合金（被称为“锡汞齐”），这种锡汞齐的本领高强，能够紧紧地黏附在玻璃上而成为真正的镜子。然而，由于这种镜子手工复杂，制作时间比较长，而且水银有剧毒，成本较高，没有得到普及。

19世纪中期，德国科学家发明了镀银的玻璃镜子。为了让这种玻璃镜子发亮，他们在镜子的背面镀了一层薄薄的银层，这层银能够起到亮化的作用。

由于工业革命的发展，科技已经得到了很大的提高，这层银不是涂上去的，也不是靠电镀上去的，而是利用一种特殊而有趣的化学反应。它是在硝酸银溶液里，加上一些氢氧化铵和氢氧化钠，再加上一点葡萄糖溶液。葡萄糖并不与之发生反应，只是起到一种“还原”的作用，能够把硝酸银中的银离子还原成金属银微粒，这些银微粒沉积在玻璃上就制成了银镜。

为了增强镜子的耐用性，通常还在镀银以后，再在银层上面涂刷上一层红色的保护漆，这样，银层便不容易脱落和损坏。虽然这种方法改变了毒性，但是由于成本较高，依然很难得到普及。

20世纪70年代，科学家又发明了铝镜，其制造方法是：在真空中使铝蒸发，让铝蒸汽凝结在玻璃面上而成为一层薄薄的铝膜。这种镀铝的玻璃镜，比镀银的玻璃镜便宜、耐用，也更为光彩照人，在镜子的发明史上翻开了崭新的一页。

奇趣小知识：

铝，是一种化学元素，是地壳中含量最丰富的金属元素。在金属品种中，仅次于钢铁，为第二大类金属。由于铝价格低廉，得到广泛的应用，生活中的铝盆、铝锅都是铝的制成品。

让你看得更清楚——近视眼镜的发明

浩浩对语文老师戴的近视镜很感兴趣，有一次，老师在批改作业的时候，将近视镜摘下来，用眼镜布擦拭了一下，浩浩终于找到了一个提问的机会。

“老师，你为什么要戴眼镜啊？”浩浩问道。

“眼镜是用来调整视力的，我的眼睛近视了，所以必须戴眼镜才能看得清楚。”语文老师说。

“老师，那眼镜是谁发明的呢？”

老师戴上眼镜之后，说：“那我就给你讲讲近视眼镜的发明历史吧！”

说起眼镜，有历史记录表明，最早的眼镜是在伊拉克的尼尼微图书馆遗址发现的。它是用水晶石制作的，直径1.5英寸，焦距4.5英寸。由此可以知道古巴比伦人和亚洲人已经发现某些透明宝石具有放大作用。当然，确切地说，这还不是近视镜，近视镜是属于眼镜的一个分支。

根据历史记载，眼镜可能是在13世纪末期在中国和欧洲同时出现的。

《马可·波罗游记》中记载：“中国的老年人看小字时戴着眼镜。”14世纪曾有记载说中国的一个绅士用一匹马换了一副眼镜。

中国古老的眼镜镜片很大，呈椭圆形，通常用水晶石、石英、黄玉或紫晶制成。奇怪的是，当时的镜片不是一双，而是一个，镜片不是戴在眼上，而是拿镜片放在眼上或借助架子使用。

眼镜架子也是人们在后来的使用过程中，为了方便逐渐发明的，只不过这些发明都没有准确的史料记载，只能算作是人们的智慧结晶。

最初镜片镶嵌在乌龟壳做的镜框里。有的眼镜带有铜质的眼镜脚，卡在鬓角上，有的用细绳子系在耳朵上，也有的把眼镜固定在帽子上。由于眼镜框是用象征神圣的动物——乌龟的壳做的，镜片是宝石做的，所以眼镜被视作贵重物品。最初人们配戴眼镜是为了表示吉祥或者表示身份高贵，而不是为了改善视力。

眼镜在13世纪由两位意大利医生传入欧洲，直到14世纪中叶才被广泛使用。当初欧洲人也把眼镜看作区分人们身份高低的装饰品。

眼镜得到很大的发展应该得益于美国人本杰明·富兰克林。1784年，他发明出双光眼镜，眼镜才算完善起来。

至于近视眼镜的发明，有史可查的是13世纪中期的英国学者培根，培根因视力不好，不能看清书上的文字，就想发明一种工具来提高视力。为此，他想了很多办法，做了不少试验，但都没有成功。一天雨后，培根来到花园散步，看到树叶上落了很多水滴，他发现透过雨珠看树叶，叶脉放大了不少，连树叶上细细的毛都能看得见。他看到这个现象，高兴极了。

培根灵机一动，便开始着手进行研究，在一个圆球玻璃上割出一块，经过不断地打磨，不断地改进，就成了现在人们戴的近视眼镜。

奇趣小知识：

近年来，世界上已经出现了盲人电子眼镜。这种眼镜由摄像透镜、摄像放大管、光电转换器和电极矩阵四个部分组成。设计者为了方便盲人，把电极矩阵织成内衣样式，盲人穿上后紧贴后背皮肤。启动开关后，由于电极产生信号刺激皮肤，因而能在大脑中产生图像，好像有了视觉一样。

千里传音——电话的发明

浩浩给爷爷奶奶打电话，向他们汇报自己的学习情况，爷爷在电话里鼓励浩浩要好好学习。放下电话，浩浩说："有电话真是方便！"

爸爸说："你知道电话是谁发明的吗？"

浩浩说："贝尔。"

现在电话已经走进了千家万户，给人们的生活带来了很大的方便。

然而，在没有电话之前，人们之间的通讯非常不方便。

在奴隶社会时期，古人使用击鼓传递信息；在西周建立之后，建立了比较完整的邮驿制度。春秋战国时期，随着政治、经济和文化的进步，邮驿通信逐渐完备起来。那个时候，人们之间的通讯非常麻烦，一封书信需要半个月甚至更久的时间才能传到对方的手中，极为不便。

人类通讯历史发生改变是在富兰克林之后，自从富兰克林验证了电的本质之后，经过法拉第等人的拓展，电的介入使通讯发生了革命性的突破。

1837年美国人摩尔斯发明了有线电报，人类的通讯方式获得了历史性的突破。然而，真正改变了现代通讯方式的，是一个叫贝尔的人。

贝尔，电话的发明者。1847年生于英国，年轻时跟父亲从事聋哑人的教学工作，曾想制造一种能远距离通话的装置。

长距离间通话的设想，美国发明家格雷就已经设想过，他使用两个罐头盒，每只盒子底部由一条绷紧的绳子连接起来。当一个人对着一端罐头盒讲话时，振动通过绳子传达给另一端罐头盒。这个实验使格雷认识到人的声音由各种不同频率的音调构成，如果能设计出合适的发话器，再把声调变成电的讯号，传递后再在另一端变为话音，这不就实现远距离通话了吗？

格雷的设想虽好，但却没有能够实现这个愿望。

1873年，贝尔成为美国波士顿大学的教授，开始从事研究在同一线路上传送许多电报的装置——多工电报，并萌发了利用电流把人的说话声传向远方的念头，使远隔千山万水的人能如同面对面地交谈。于是，贝尔开始了电话的研究。

1875年6月2日，贝尔和他的助手华生分别在两个房间里试验多工电报机，一个偶然发生的事故启发了贝尔。华生房间里的电报机上有一个弹簧意外粘到磁铁上了，华生拉开弹簧时，弹簧发生了振动。与此同时，贝尔惊奇地发现自己房间里电报机上的弹簧颤动起来，还发出了声音，是电流把振动从一个房间传到另一个房间。贝尔的思路顿时大开，他由此想到：如果人对着一块铁片说话，声音将引起铁片振动；若在铁片后面放上一块电磁铁的话，铁片的振动势必在电磁铁线圈中产生时大时小的电流。这个波动电流沿电线传向远处，远处的类似装置上不就会发生同样的振动，发出同样的声音吗？这样声音就沿电线传到远方去了，这不就是梦寐以求的电话吗？贝尔和华生开始按新的设想研制能将声音通过电流传出去的装置。

在一次实验中，一滴硫酸溅到贝尔的腿上，疼得他直叫喊："华生，快来帮帮我，请到我这里来！"这句话由电话机经电线传到华生的耳朵里，电话研制成功了。

华生高兴地从房间里冲出来，说："贝尔，我听到你的声音了。"

1876年3月7日，贝尔成为电话发明的专利人。

奇趣小知识：

家庭用的电话机的电话线在话机挂机时的电压是50伏左右，摘机时在十几伏左右。当有电话呼入时也就是电话机响铃的时候最高能达到150多伏左右。如果这个时候你用手去接触裸露的电话线，就会打到手，很麻，有一定的危险，需要注意。

懒人的成就——洗衣机的发明

洗衣机成了家庭生活中不可或缺的一个用具，为人们的生活提供了很大的便利。可是，有谁知道洗衣机是什么时候发明的呢?

据说最原始的洗衣机是一个叫汉密尔顿·史密斯的美国人发明的，史密斯是一个非常懒惰的单身汉，洗衣服成了他最头疼的事情。为了使自己免于洗衣服的困扰，他开动脑筋，制作了最原始的洗衣机。这台洗衣机的主要部件是一只圆桶，桶内装有一根带有桨状叶子的直轴。轴通过摇动和它相连的曲柄转动。果然，这台洗衣机的出现让他不用再为洗衣服发愁了。但这台洗衣机使用费力，且损伤衣服，没有被推广使用，但这却标志着用机器洗衣的开端。

1874年，一个叫比尔·布莱克斯的美国人发明了木制手摇洗衣机。这台洗衣机构造极为简单，是在木桶里装上六块叶片，用手柄和齿轮转动，使衣服在桶内翻转，从而达到除去衣服污渍的目的。这套装置的问世，让那些为提高生活效率而冥思苦想的人大受启发，洗衣机的改进过程开始大大加快。

1880年，美国又出现了蒸汽洗衣机，蒸气动力开始取代人力。

蒸汽洗衣机出现之后，水力洗衣机、内燃机洗衣机也相继出现。其中尤其以水力洗衣机成为主导龙头，设备先进，功能相比较而言最为完善，水力洗衣机包括洗衣筒、动力源和与相连接的连接件，洗衣机上设有进、出水孔，洗衣机外壳上设有动力源，洗衣筒上设有衣物进口孔，其进口上设有密封盖，洗衣机通过连接件与船相连。它无需任何电力，只需自然的河流水力就能洗涤衣物，解决了船民在船上洗涤衣物的烦恼，节约时间，减轻家务劳动强度。但使用的范围比较狭小，没有得到有效的普及。

1910年，美国人费希尔在芝加哥试制成功世界上第一台电动洗衣机。电动洗衣机的问世，标志着人类家务劳动自动化的开端。

1922年，美国玛塔依格公司改造了洗衣机的洗涤结构，把拖动式改为搅拌式，使洗衣机的结构固定下来，标志着第一台搅拌式洗衣机的诞生。这种洗衣机是在筒中心装上一个立轴，在立轴下端装有搅拌翼，电动机带动立轴，进行周期性的正反摆动，使衣物和水流不断翻滚，相互摩擦，以此涤荡污垢。搅拌式洗衣机结构科学合理，受到人们的普遍欢迎。

1932年，美国本德克斯航空公司宣布，他们研制成功第一台前装式滚筒洗衣机，洗涤、漂洗、脱水在同一个滚筒内完成。这意味着电动洗衣机的形式跃上一个新台阶，朝自动化又前进了一大步。

随着工业化的加速，世界各国也加快了洗衣机研制的步伐。最著名的是英国推出的一种喷流式洗衣机，它是靠筒体一侧的运转波轮产生的强烈涡流，使衣物和洗涤液一起在筒内不断翻滚，洗净衣物。

1955年，在引进英国喷流式洗衣机的基础之上，日本研制出独具风格、并流行至今的波轮式洗衣机。至此，波轮式、滚筒式、搅拌式在洗衣机生产领域三分天下的局面初步形成。

1962年，美国一家企业经过研发，生产出波轮式套筒全自动洗衣机。

1969年，以微机控制的全自动洗衣机在日本问世，开创了洗衣机发展史的新阶段。

之后，随着科技的进一步发展，滚筒洗衣机已经成了大家十分熟悉的产品。伴随着科技的进一步发展，相信新型、更适合人们使用的洗衣机会给我们带来新的生活方式。

奇趣小知识：

安全使用洗衣机，应注意这样几个问题：每次洗衣服前，应检查衣服口袋，取出指甲刀、钥匙、发卡、硬币等硬物，防止卡住波轮；经常检查洗衣机是否漏水，如发现漏水，应停止使用尽快修理；每次的洗衣量不能超过洗衣机的额定容量，否则由于负荷过重可能损坏电机；电压波动太大时，洗衣机应停止使用。

退伍兵的杰作——微波炉的发明

微波炉在现代人们的生活中发挥了很重要的作用，为人们快节奏的生活提供了很大的便利。

微波炉的发明历史不足百年，在家用电器中属于最晚的一个行列，发明者是美国的退伍军人斯本塞。

1939年，斯本塞参加了海军，半年后因伤退役，进入美国潜艇信号公司工作，开始接触各类电器，稍后又进入专门制造电子管的雷声公司。

1945年，他观察到微波能使周围的物体发热。有一次，他走过一个微波发射器时，身体有热感，不久他发现装在口袋内的巧克力糖果被微波烤化了。

他感觉到这不是一个偶然现象，为此，他把一块面包放在波导喇叭口前，然后观察面包的变化。一段时间之后，他发现面包变热了，与放在火堆前一样。第二天，他又将一个鸡蛋放在喇叭口前，结果鸡蛋受热突然爆炸，溅了他一身。

经过进一步实验，他发现这种波能使含水的组织发热，这个实验使得斯本塞突发奇想：微波既然有此特性，何不进一步开发出来，用于温热和烹饪食物呢？

斯本塞将自己的发现写成了报告，提交给雷声公司技术研发部。雷声公司受斯本塞实验的启发，决定与他一同研制能用微波热量烹饪的炉子。

几个星期后，一台简易的炉子制成了。斯本塞先是用面包做实验。他先把面包切成片，然后放在炉内烹饪。在烹饪时，他屡次变化磁控管的功率以选择最适宜的温度。经过若干次实验，食品的香味飘满了整个房间。

经过不断地研究和改进，1947年，雷声公司推出了第一台家用微波炉。可是这种微波炉成本太高，寿命太短，影响了微波炉的推广。

1965年，乔治·福斯特对微波炉进行大胆改造，与斯本塞一起设计了一种耐用且价格低廉的微波炉。1967年，微波炉在芝加哥举行展销会，获得了巨大成功。

从此，微波炉逐渐走入了千家万户。由于用微波炉烹饪食物又快又方便，不仅味美，而且有特色，因此有人诙谐地称之为“妇女的解放者”。

微波炉的工作原理不是火而是微波，它是一种电磁波。电磁波按波长的长短分为长波、中波、短波和超短波，微波属于超短波，能够产生热量。

奇趣小知识：

微波炉应放在平稳的地方，与墙之间要有10厘米以上的空隙，保持良好的通风环境。袋装和瓶装食物要在开启后放入专门的容器内再放进炉内；鸡蛋等有壳食品必须去壳、打碎或在壳上打出洞眼后再放进炉内，否则有可能引起爆炸。

逃亡过程中的收获——高压锅的发明

爱迪生经过千百次的实验发明电灯；弗莱明在无意间发明了青霉素；贝尔在危险中发明了电话……只要有心，发明无处不在，可是你听过有人能在逃亡的过程中做出伟大发明的吗?

高压锅就是在逃亡的过程中发明的。

1681年，法国的医生兼物理学家和机械师丹尼斯·帕平发明了高压锅。

17世纪80年代，法国青年医生帕平因为医疗事故被迫逃往国外。他沿着阿尔卑斯山艰难跋涉，打算去瑞士避难。帕平一路上风餐露宿，渴了找点山泉喝，饿了煮点土豆吃。

有一天，帕平走到一座山峰附近，感觉到非常饥饿，于是如法炮制，找了一些树枝，架起篝火，挖了一些土豆，煮起土豆来。很快水开始沸腾了，饥饿的帕平赶紧捡起土豆，却发现土豆还是生的，他很失望，只好重新放在水里煮，滚开了几次，土豆依然不熟。饥饿难耐，他无可奈何地把没熟的土豆硬吃了下去。这件事给他留下很深的印象。

几年后，帕平的生活有了转机，他应聘到英国一家科研单位工作。阿尔卑斯山上的往事，他仍记忆犹新。他找来了许多参考书，查算了山的高度。一连串的问题在帕平脑子里翻腾：水的沸点与大气压有什么关系?

随后，他又设想：如果用人工的办法让气压加大，水的沸点就不会像在平地上只是100摄氏度，而是更高些，煮东西所花的时间或许会更少。

可是，问题的关键是怎样才能提高气压呢?

帕平自己动手做了一个密闭容器，他要利用加热的方法，让容器内的水蒸气不断增加，又不散失，使容器内的气压增大，水的沸点也越来越高。可是，当他睁大眼睛盯着加热容器的时候，容器内发出咚咚的声响，随后发生了爆炸。

帕平没有被爆炸吓倒，经过不断研究，两年后，他按自己的新想法绘制了一张密闭锅图纸，请技师帮着做。另外，帕平又在锅体和锅盖之间加了一个橡皮垫，锅盖上方还钻了一个孔，这样一来，就解决了锅边漏气和锅内发声的问题。帕平把土豆放入锅内，点火，冒气，几分钟之后，土豆就煮烂了。高压锅初步成型了。

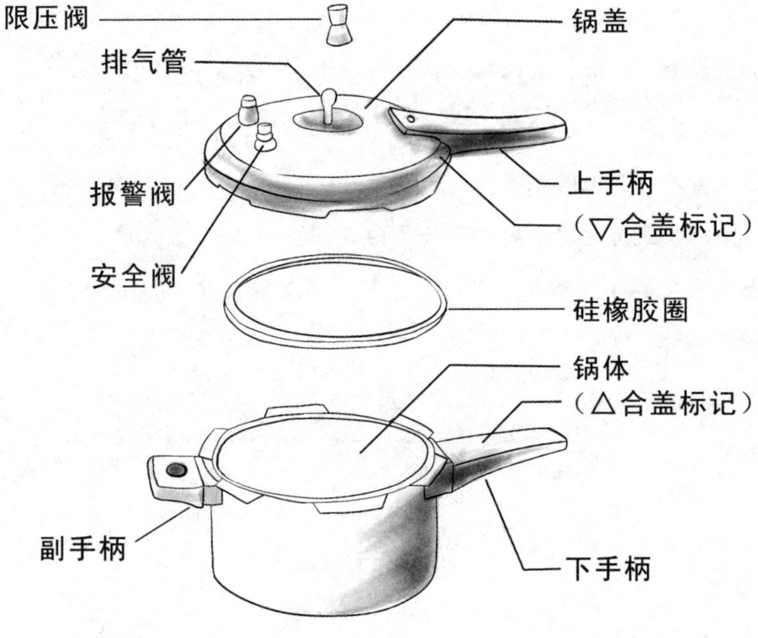

几年之后，经过不断地改进，帕平造出了世界上第一只压力锅——当时叫作“帕平锅”。他邀请英国皇家学会的会员们来参加午餐会，实际上是对压力锅进行“鉴定”。带着高高白帽子的厨师，当着众多科学家的面，把几只活蹦乱叫的鸡宰了，塞进压力锅里，然后架到火炉上。那些满腹经纶的专家一杯茶还没有喝完，一盘盘热气腾腾、香味扑鼻的清蒸鸡，已经摆在他们的桌上了。这些在当时极有威望的科学家被折服了。从此，帕平和高压锅一起，名扬四方。

奇趣小知识：

如何安全使用高压锅?

1.高压锅内不要超量。锅内压力产生时，几乎没有安全缓冲空间。继续加热，压力随之增高，引起爆炸。因此锅内食物不能超过总容积的2/3。

2.每次加盖之前，都要细心检查锅盖中心排气孔是否畅通。如对光看不到亮，吹气也不畅，一定要排除堵塞之后才能加盖。

3.加盖后，较科学的方法是先不加限压阀，待加热排出锅内冷空气后，再及时加上限压阀。

4.加限压阀之前，同样要检查限压阀上的疏气孔。方法可用嘴对着大孔吹气，分流疏气孔畅通会冒气。若堵塞，可用细铁丝捅通之后再用。

5.煮物开始用大火，上气后改用小火。

最伟大的成就——抽水马桶的发明

英国著名的《焦点》杂志邀请本国100名最权威的专家学者和1000名读者，评出了世界上最伟大的发明，位居榜首的竟是抽水马桶。

小小的马桶改变了大世界。如果没有马桶，现代人的生活将会无法想象。难怪有人说："今天，人们可以不要电视、电冰箱、电脑或汽车，但却离不开马桶。"马桶的发展史，就是人类社会文明、干净和有秩序的发展历程。

究竟是谁创造了世界上最伟大的发明——抽水马桶呢?

据历史资料记载，在女王伊丽莎白一世时代，英国有一位名叫约翰·哈林顿的教士，平时爱好文学，曾因传播一则所谓有伤风化的故事而被叛处流放。

在被流放期间，他在流放地凯乐斯顿盖了住房。由于他天生浪漫而又非常讲究，设计出了世界上第一只抽水马桶。当时的马桶与储水池相连，装置在他所居住的房子里。

他对这项发明颇为自豪，特地以荷马史诗中一位英雄埃杰克斯的名字为它命名。此后，哈林顿还写了《夜壶的蜕变》一书，详细描绘了他的抽水马桶的设计。

流放归来之后，他将自己在流放期间发明的马桶献给女王，不过，当时的英国公众并没有接受这项发明，他们还是喜欢使用便壶。

但这项发明并没有就此被淘汰，约翰·哈林顿依旧不遗余力地推广他的马桶。

1775年，伦敦有个叫亚历山大·卡明斯的钟表匠，改进了哈林顿的设计，研制出冲水型抽水马桶，由于使用方便，得到了很多人的欢迎，他获得了专利权。自此，抽水马桶开始受到人们的欢迎。

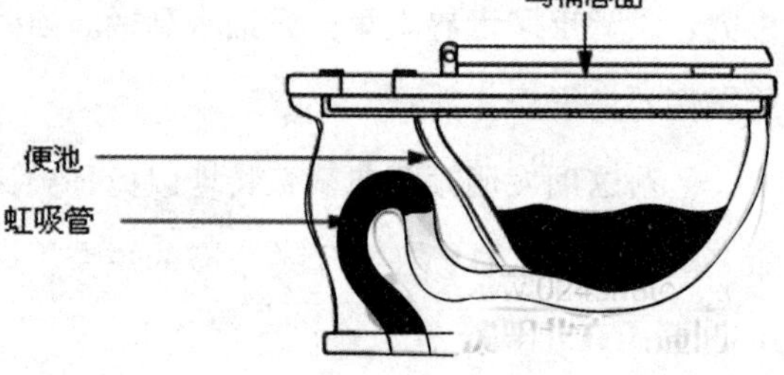

当时英国有一位王室贵族非常讲卫生，命令人改进冲水马桶，追求更加卫生、方便的马桶，英国的一些科学家经过研究，将马桶又推上了一个新的高度。

在英国王室的推动下，1848年，英国议会通过了“公共卫生法令”，规定：凡新建房屋、住宅，必须辟有厕所和安装抽水马桶、存放垃圾的地方。这就为抽水马桶技术的发展提供了条件。

1861年，英国一个管道工人托马斯·克莱帕发明了一套先进的节水冲洗系统，废物排放才开始进入现代化时期。

1880 年，托马斯·克莱帕利用丰富、廉价的水所具有的良好的流动性、冲击性和清洁性能，发明了人类现代史上第一个用于冲便的抽水马桶。在创造了现代冲便文明和现代城市便物管网化管理的同时，开创了一个与现代化城市共存了一百二十多年的陶瓷马桶产业。

1889年，英国水管工人博斯特尔发明了冲洗式抽水马桶。这种马桶采用储水箱和浮球，结构简单，使用方便。从此，抽水马桶的结构形式基本上定了下来。

在当今世界上，抽水马桶已被公认为“卫生水准的量尺”。应该说，英国人发明抽水马桶是对人类社会的一大贡献。

奇趣小知识：

大多数家庭都会在马桶边设一个废纸篓，存放使用过的厕纸，但这样会造成细菌随空气散播，因为很少有人能做到随时清理，至少都会存放一两天，而时间越长，滋生的细菌就越多。

应该将厕纸丢进马桶内冲走，只要不是太厚、太韧，厕纸一般都能在水中很快变软，所以不用担心堵塞。有需要时，备一个卫生袋就可以，没必要再设废纸篓。如果一定要用，也要选带盖子的，以防细菌散播，并及时处理用过的厕纸。

小孔成像——照相机的发明

照相机是人们经常使用的现代工具，已经走入千家万户，使人们的生活越来越精彩。照相机的出现，不仅给人们带来了极大的便利，而且使许多景物得以让世人知道。如果没有照相机，现代人就见不到以前人们的生活等场面。

对于照相机的历史，最早可追溯到中国的“小孔成像”原理。早在公元前四百多年，我国的《墨经》一书就详细记载了“小孔成像”的原理。到了宋代，在沈括所著的《梦溪笔谈》一书中，还详细叙述了“小孔成像”的原理。

直到16世纪文艺复兴时期，欧洲出现了供绘画用的“成像暗箱”，真正将“小孔成像”作为照相机的原理。

“暗箱”是一种体积较大的机器，摄影师必须把上半身钻进一个黑布套内，在一个没有亮光的小环境中操作。这种照相机在发明之初，除了贵族家庭，社会上很少有人拥有。

1839年，法国著名画家达盖尔经过不断研究，发明了“达盖尔银版摄影术”，于是世界上诞生了第一台可携式木箱照相机。这种照相机的出现，使人们得以在很短的曝光时间内拍出高质量照片，对摄影术的普及作出了重大贡献。

1845年，德国人马腾斯发明了世界上第一台可摇摄150°的转机，将照相机的科技再推上一个高峰。

1849年，美国人戴维·布鲁司特发明了立体照相机和双镜头的立体观片镜。

1860年，便携式照相机又进一步发展成折叠式照相机。照相机的体积就减小了许多，比较便于携带，照相机也开始逐步走入家庭中。这一式样的照相机在照相机行业中保持了数十年之久。

1861年，物理学家马克斯威发明了世界上第一张彩色照片，相机的发展真正步入到现代社会。

1935年，世界上出现了第一台具有内装式电测曝光表的照相机。1938年，第一台微型照相机问世。这两种照相机都是著名的照相机厂家“米诺克斯”照相机公司生产的。

它们的出现，使照相机一下子普及起来，成为人类生活中不可缺少的工具。之后，照相机的改进向着小型化和高自动化程度发展，如今市场上流行的各种“傻瓜”照相机便是集当今科技于一身的先进成果。

照相机使人类的文化生活丰富多彩，是当今世界类似于自行车等大众普及化程度最高的发明之一。

奇趣小知识：

数码相机的成像原理是光线通过与胶片相机相同的镜头照到数码相机的“胶卷”上，数码相机的“胶卷”就是能使其成像的元器件，这些元器件与数码相机结为一体。

呼风唤雨——人工降雨的发明

在神话电视剧《西游记》中，孙悟空可谓神通广大、无所不能，尤其他那能随时呼风唤雨的本领更让人神往。

只不过，在现代社会，呼风唤雨已不再是个神话。随着科学技术的发展，孙悟空的本领已经成为现实，比如呼风唤雨已经被人工降雨所取代。

物理学中，人工降雨是根据不同云层的物理特性，选择合适时机，通过一些高科技的手段，比如飞机、火箭向云中播撒干冰、碘化银、盐粉等催化剂，使云层降水或增加降水量，以解除或缓解农田干旱、增加水库灌溉水量或供水能力，或增加发电水量等。

从梦想呼风唤雨到实现人工降雨，人类经历了一段漫长的历史时期，并为此付出了艰辛的代价。关于人工降雨，世界上最早的人工降雨发生在1946年。

1946年，科学家文森特·谢弗尔创造了人工降雨的奇迹，从此人工降雨技术就在全世界推广开了。

1864年，随着科学的发展，美国人安德森第一次提出人工降雨的概念。

1890年，美国国会拨款1万美元，利用火炮、火箭和气体，在云中进行爆炸摧云造雨的实验。因为条件不成熟，首次大规模的人工降雨以失败告终。

1918年，法国科学家们将装满液态气体的炮弹发射到空中，进行爆炸造雨的试验。

1921年和1924年，美国的哈尔森教授先后两次用飞机向云层播撒带沙粒，试图促使云层碰撞而降雨。然而，这些人工造雨试验，最终都以失败告终。

1946年7月，这是人工降雨具有划时代意义的一个时间。人类经过几十年的探索，人工降雨终于取得了初步的成功。

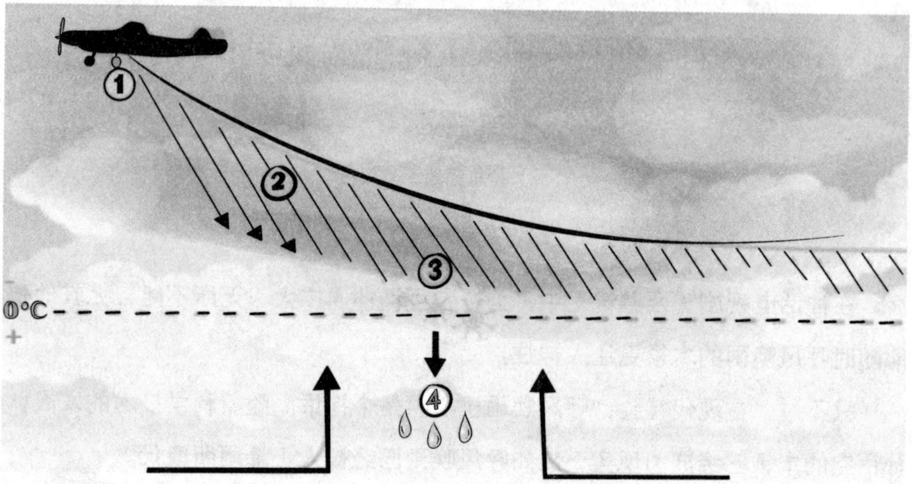

那天，天气异常炎热，由于实验装置出了故障，装有人工云的电冰箱里的温度一直降不下来，研究人员兰茂尔只好临时用固态二氧化碳（干冰）来降温。当他刚把一块干冰放进冰箱里，这时奇迹出现了：水蒸气立即变成了许多小冰粒，在冰箱里盘旋飞舞，人工云化为了霏霏飘雪。这一奇特现象使兰茂尔明白尘埃微粒对降雨并非绝对必要，只要将温度降到零下40摄氏度以下，水蒸气就会变成冰而降落下来。

1946年的一天，一架飞机在云海上飞行，研究人员将干冰撒播在云层里，30分钟后就开始了降雨。第一次真正的人工降雨获得了成功。

后来，美国通用电气公司的本加特对这种人工降雨方法进行了改良，他用碘化银微粒取代干冰，使人工降雨更加简便易行。兰茂尔在1957年去世时，终于满意地看到人工降雨已发展成为一项大规模的事业。

人工降雨的发明，标志着气象科学发展到了一个新的水平。

中国最早的人工降雨试验是在1958年，吉林省这年夏季遭受到60年未遇的大旱，人工降雨获得了成功。1987年在扑灭大兴安岭特大森林火灾中，人工降雨发挥了重要作用。

奇趣小知识：

人工降雨的炮弹弹片在高空爆炸后会化成不足30克，甚至只有两三克的碎屑降落地面，其所落区域都是在此之前实验和测算好了的无人区，不会对人体造成伤害。同时，人工降雨已有一段历史，技术较为成熟，所以对人工降雨，人们不必心存恐惧。

第六章　科学小魔法与人类的生活

常温不减——家家使用的保暖瓶

关于保暖瓶的发展历史，一直以来没有一个能让所有人信服的定论，到底暖水瓶是何时发明？由何人发明的？一直有不同的版本。

在欧洲，古罗马人很早就已经知道，双层容器能保暖。在庞贝城的废墟中，人们曾挖出过一个双层容器，这被认为是现代保暖瓶的鼻祖。

现代的保暖瓶是苏格兰物理学家杜瓦发明的。

杜瓦在古罗马人双层容器能保暖的基础上，用玻璃制作了一个特殊的玻璃瓶，这是一个双层玻璃容器，在容器内壁涂上一层银，然后把两层之间的空气抽掉，形成真空。

前面已经说过，两层胆壁上的银可以防止辐射散热，真空能防止空气对流和传导散热，所以盛在玻璃瓶里的液体，温度不容易发生变化。

后来，柏格用镍制造外壳，保护易碎的玻璃瓶胆。起初它仅在实验室、医院和探险队中使用，后来在野餐或乘火车时也使用起来。1925年，开始有大众化的廉价塑料保暖瓶出售。

还有一个关于暖水瓶的发明版本，记述暖水瓶最初是由中国人发明的。

通过对宋代文献史料的研究发现，暖水瓶在北宋的后期就已经在民间出现，开始小规模的制作和使用。其证据是：

得古瓶于土中，色甚黑，颇爱之，置书室养花。方冬极寒，一夕忘去水，防为冻裂。明日视之，凡他物有水者皆冻，独此瓶不然。异之，试以汤，终日不冷……视其中，与常陶器等，但夹底厚几二寸，有鬼执火似燎，刻画甚精，无人能识其为何时物也。

这些资料使我们得知暖水瓶在北宋已经出现，并引起人们的新奇感与神秘感。

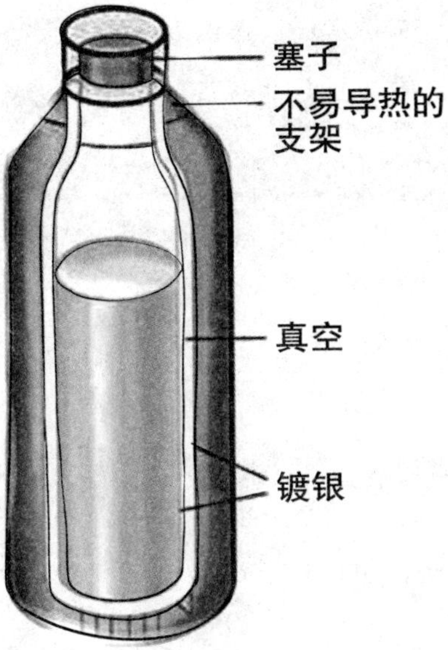

同时，另外一条史料则清楚地记载了在玻璃胆瓶上涂附水银的制作技术过程：

徽宗尝以紫流离胆瓶十，付小珰，使命匠范金托其里。珰持示范匠，皆束手曰："置金于中，当用铁篦熨烙之，乃妥帖，而是器颈窄不能容，又脆薄不堪手触，必治之，且破碎，宁获罪，不敢为也。"……锡工者独前，取金锻治，薄如纸，举而裹瓶外……俄剥所裹者押于银箸上，插瓶中，稍稍实以汞，掩瓶口，左右洞之。良久，金附著满中，了无罅隙，徐以爪甲匀其上而已。

这两条史料均出自《夷坚志》，是目前所能找到的中国古代暖水瓶的最早的记录。

第一条史料是说张齐贤孙子辈分的张虞卿已使用了暖水瓶。张齐贤，是宋真宗时兵部尚书，卒于1014年。他的裔孙张虞卿生活在北宋中后期，确切地说主要生活在宋徽宗时期。

不管暖水瓶出现于何时，都是劳动人民智慧的结晶。

奇趣小知识：

如果暖水瓶内壁有了水垢，保温效果会大大降低。为此，可以用以下方法进行清洁：在瓶里放些纸屑，然后倒进温盐水，轻轻晃一会儿，即可除净水垢。

鸡蛋生鸭——不可思议的现象

从乡下爷爷家度假回来，浩浩就问了爸爸一个问题：“鸡蛋里会出现小鸭吗？”

爸爸说：“不会！至少目前的科技是无法达到的。”

“可是我在乡下却见到了这样的事情，有一天晚上，有人在表演，透过荧幕我清清楚楚地看到里面有一只小鸭，而且嘴巴特别清楚。”

听到这里，爸爸已经明白了这是怎么回事。

这个所谓的鸡蛋里面出现小鸭的节目非常简单，是利用影子的特性完成的，具体的方法是这样的：

用一张浸过油的纸，把它放到一张硬纸板中间的方孔上，就形成了一个用油纸做成的大幕。大幕的后面放两盏灯。

当然，观看这个节目的人要站在大幕的前面，这样才能达到预期的目标。首先，点起一盏灯，在点起了的灯跟纸幕之间，放进去一个类似于鸡蛋形状的椭圆形的硬纸片，于是大幕上就现出了一个鸡蛋的影像。

同理，在另外一盏灯与大幕之间，加进去一个类似于小鸭形状的硬纸片，于是两盏灯一起打开，“小鸭”与“鸡蛋”的影像重叠在一起，就看到了类似于鸡蛋里面孵出小鸭的情况。

其实这种“魔术”没有多大奥妙，原理很简单：利用影子的特性，在其中一盏灯的前面，放着一个鸡雏形的硬纸片。把这盏灯点亮以后，大幕上那椭圆形的影子上，又有右面的灯射来的一个“小鸭”的影子，而小鸭的影子四周受到右面灯光的照射，因此，“鸡蛋”的边上要比它的中央部分明亮。

浩浩听完之后，说：“原来只是一个魔术，却困扰了我好长一段时间。”

奇趣小知识：

在电影院看电影，放映机镜头里发出一束光，把胶片上的影像投射到银幕上。凭借肉眼观察，那束光好像是一直在亮着的，其实不是这样。胶片每秒24张，每张胶片只有运行到镜头正前面的时候，镜头里的光才亮，然后就灭掉。在光灭掉以后，下一张胶片再下来。胶片看似匀速运动，实际是一动一静交替运行。而镜头光看似一直亮着，实际是一亮一灭，在闪动。只不过每秒24次灭亮交替进行，太快了，我们的眼睛根本就分辨不出来。

撬动地球——人人都是大力士

浩浩从科技馆参观回来之后，对爸爸说："爸爸，今天我在科技馆看到了一个吹牛皮的人。"

爸爸问："怎么回事？"

浩浩回答说："我在壁画上看到一个人，说能把地球撬起来。真是吹牛吹破了天。"

爸爸听了之后，没有直接回答浩浩的问题，而是让浩浩和他一起去玩跷跷板。

父子两个人坐到了跷跷板上面，瞬间，浩浩就被爸爸给撬起来了。

浩浩笑着说："爸爸，等我长大了，就能把你撬起来啦。"

爸爸说："其实，你不必等长大，你现在就能把我撬起来。"

浩浩觉得很疑惑，就说："爸爸，怎么撬起来啊？"

爸爸往前移动了位置，瞬间就被浩浩撬起来了，浩浩问："爸爸，这是怎么回事啊？"

"这是利用杠杆的原理，古希腊科学家阿基米德，也就是你说在科技馆看到的那个人，有这样一句流传千古的名言，'假如给我一个支点，我就能把地球挪动！'这句话有着严格的科学根据，是正确的。"爸爸说。

浩浩这下来了兴趣，缠着让爸爸给他介绍关于杠杆的知识。

杠杆是指在力的作用下，可以围绕固定点转动的坚硬物体。杠杆原理最早是由阿基米德在《论平面图形的平衡》一书中提出的。他首先把杠杆实际应用中的一些经验知识当作不证自明的公理，然后从这些公理出发，运用几何学，通过严密的逻辑论证，得出了杠杆原理。

这些公理是：在没有重量的杆子的两端，在杆子的支点相等的距离的地方挂上相等的重量，杆子会保持平衡；在没有重量的杆子的两端，在杆子的支点相等的距离的地方挂上不相等的重量，重的一端将会下倾；在没有重量的杆子的两端，在杆子的支点不相等的距离的地方挂上相等的重量，距离远的一端将会下倾。

正是从这些公理出发，在“重心”理论的基础上，阿基米德发现了杠杆原理，即“两个重物平衡时，它们离支点的距离与重量成反比。

阿基米德对杠杆的研究不仅仅停留在理论方面，而且据此原理还进行了一系列的发明创造。据说，他曾经借助杠杆和滑轮组，使停放在沙滩上的桅船顺利下水；在保卫叙拉古免受罗马海军袭击的战斗中，阿基米德利用杠杆原理制造了远、近距离的投石器，利用它射出各种飞弹和巨石攻击敌人，曾把罗马人阻于叙拉古城外达三年之久。

爸爸继续说道：“就像我们刚才一样，我距离支点的距离近了，而你距离支点的位置远了，你就把我撬起来了。如果能把地球放到这里，你在那头，同样可以把地球撬起来。”

爸爸的话让浩浩兴奋极了。

奇趣小知识：

生活中，我们常常能见到各种各样的秤，一个小小的秤砣居然可以压千斤，这就是根据杠杆平衡原理，在支点的两端，东西距离支点比较近，而秤砣距离支点比较远，如果距离还要远些的话，“四两拨千斤”是完全可能的。

铁砂掌——刚出锅的鸡蛋不烫手

准备吃早饭了，洗漱完毕的浩浩走到厨房，看到妈妈用手从锅里将滚热的鸡蛋拿出来，放到了盘子里。端到饭桌上的时候，浩浩迫不及待地用手抓过一只鸡蛋，结果鸡蛋刚刚抓到手里，一阵灼热感让他立刻将鸡蛋扔到了桌子上。

他情不自禁地喊道："哇！好烫！"

妈妈赶紧从厨房找来醋，抹在浩浩的手掌，问浩浩："烫伤了吗？"

浩浩点点头。

浩浩好奇地问："刚从开水里取出的熟鸡蛋，你用手去拿，为什么不觉得烫手？"

爸爸在一旁开玩笑说："因为你妈妈是铁掌帮的帮主，会铁砂掌，所以不怕烫。"

真的吗?

其实，爸爸是在跟浩浩开玩笑，用手拿刚出锅的鸡蛋不会怕烫，这是因为，刚从开水里拿出来的鸡蛋表面还沾着水，水分的蒸发使蛋壳温度降低。不过，这只是很短的一会儿，鸡蛋表面的水分完全蒸发以后，鸡蛋就会烫手了。

蒸发是自然界的一种常见现象，是一种水由液态或固态转变成气态，进入大气中的过程。一般而言，温度越高、湿度越小、风速越大、气压越低，则蒸发量就越大；反之，蒸发量就越小。

刚刚出锅的鸡蛋，表面有大量的水分，这个时候皮肤接触到鸡蛋，鸡蛋表面的温度因为蒸发吸热，所以温度不会过高，在人的承受范围之内。然而，当鸡蛋表面的水分被蒸发掉之后，鸡蛋的表面温度会骤然上升。

蒸发是降低温度的好办法。

在日常的生活中，当室内温度比人体的温度高的时候，人体向外散热就是依靠蒸发的办法。在这个过程中，人体每一天可以分泌出1升以上的液体，包括呼吸、汗液以及小便等方式，这个过程中带走的热量大约是580千卡。不要小看这个热量，这个热量可以使58公斤的水温度上升10摄氏度。所以一个人即使在面包炉里，只要不被直接烫伤也是能待一段时间的。

由于蒸发的作用，人体对周围温度的感受和空气的温度关系很大。冬天虽然屋子里的温度在25摄氏度，但是如果脱了衣服仍然感到很冷。这是由于冬

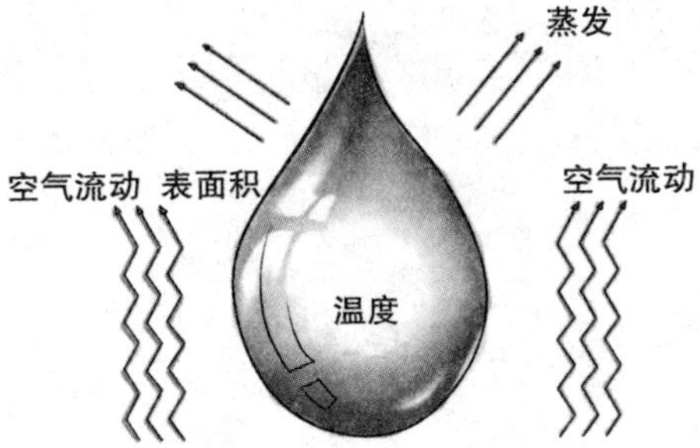

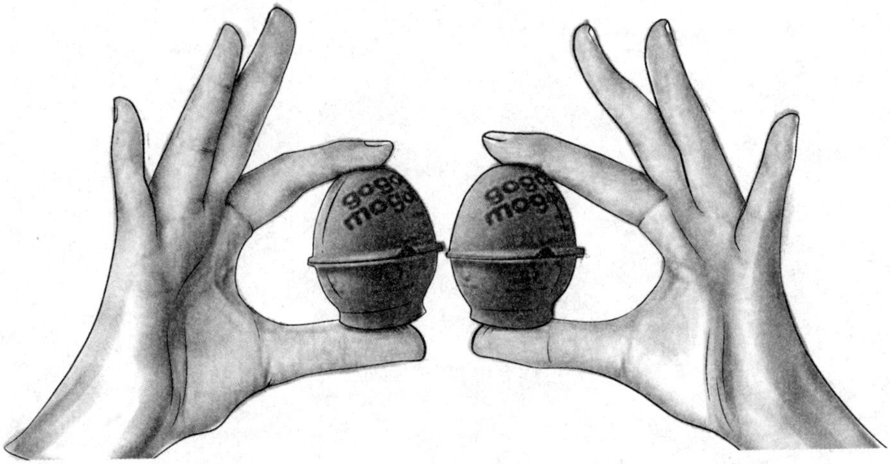

天屋子里的空气十分干燥，身上的汗水蒸发得快，蒸发的过程中吸走了身体的热量，所以会感觉到冷。夏天的时候，空气潮湿，蒸发过程缓慢，所以不觉会得冷。

奇趣小知识：

液体在蒸发的时候要吸收周围空气或物体的温度的过程叫蒸发吸热。

夏天，为了降低身体的温度，有的人喜欢在皮肤上擦上酒精，这个过程中，酒精要蒸发，蒸发需要吸热，会吸收皮肤周围的温度，从而会降低身体的温度，让人感觉到舒适和凉爽。

炫动奇迹——被莫名其妙地抛出去

星期天，爸爸带浩浩去儿童乐园玩耍了一番，给浩浩留下深刻印象的就是一个特别有趣的“魔盘”。

“魔盘”是一个坐落在机器上面，可以旋转、类似盘子的形状的游戏道具。参加“魔盘”游戏的人，随自己高兴，在那个大圆盘上站着也好，坐着也好，卧着也好。无论你站在盘子的什么位置都可以。游戏开始后，圆盘底下的一部电动机就会缓缓地依着圆盘的竖轴把它旋转起来。旋转的过程是一个由慢到快的过程，起初转得比较慢，后来越转越快。于是，由于惯性的作用，圆盘上的人便开始向它的边上滑去。这个滑动的动作，起初还不大容易觉察，但是当魔盘上的人离圆心越来越远，滑到了越来越大的圆周上，这个惯性的作用也就会越来越显著。最后，无论你花多少力气想继续停留在原地，也不可能了，终于你被从这个“魔盘”上抛了出去。

被魔盘抛下来之后，浩浩赶忙问爸爸：“爸爸，为什么我会被从上面抛下来啊？我已经很努力很努力地想留在上面，结果还是被抛了下来。”

在爸爸详细的讲解下，浩浩明白了其中的道理。

和浩浩一样站在魔盘上的人，之所以会被抛下来，是因为受到离心力的影响。

在物理学中，离心力是一种看不见的力量，也是一种不存在的力，只是一个名字，是为了便于人们的理解而假设的，这是惯性的一种形象体现。

在力学中，当一个物体在作匀速圆周运动的时候，由于它的方向随着运动时刻在改变，但速度的大小没有什么变化，所以就认为物体是在做匀速运动，做匀速运动的物体所受到的各种外在的力的和应该为0。

为方便理解，简单举例说明一下：作圆周运动的物体，由于物体本身的惯性，总会有沿着圆周的方向飞去的倾向。例如，在下雨天的时候，人们外出回家收伞的时候，总是希望将伞上的雨水弄下来。

如果将伞收拢起来，利用抖动的方法抖掉雨水，也是可以的，但是如果在伞撑开的时候，旋转伞把，伞就会发生旋转，这个时候抖掉伞上的雨水就会变得相当容易。

如果你注意观察，就会发现，水滴是沿着伞的边缘沿直线飞出去，这是因为水滴受到了离心力的影响。

同样的，地球每天都在旋转，地球就像一个“魔盘”，不过不用担心被地球的离心力抛出去，除了地球的离心力小之外，还因为我们自身的体重超过了离心力。

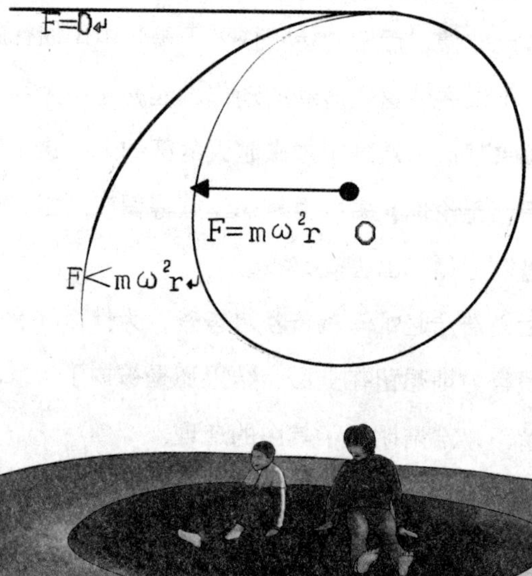

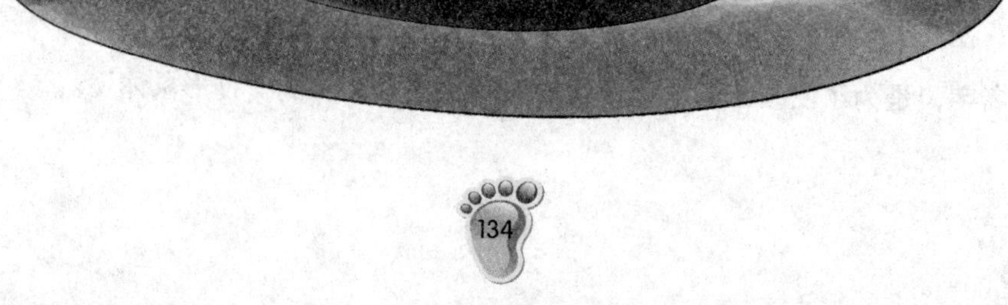

明白了这个原理之后，浩浩很高兴地说："没想到小小的'魔盘'还藏着这么多的知识呢。"

爸爸回答说："所以你要好好学习这些知识，以后去开发更多的游戏。"

奇趣小知识：

洗衣机的脱水就是以离心运动为工作原理，即由电动机带动内胆高速转动，衣物中的水分在高速旋转下作离心运动，水从内胆壳的四周小洞中飞溅出内胆，达到脱水的目的。

一点通——奇妙的摩擦起电

浩浩和同伴玩耍的时候，一不小心将家里的一个纸盒子打翻了。纸盒里全部都是一些零星的碎纸片，散了一地。

浩浩赶紧用手去捡，可是纸片太小了，捡起来非常费劲，只好向爸爸求助。

只见爸爸从书房里拿出一把很大的塑料尺，在衣服上擦了几下，然后放到纸片上面，那些纸片像着了魔一样，全部吸附到那把尺子上。

待清扫完之后，浩浩赶紧问爸爸是怎么回事。

爸爸说："这叫摩擦起电。"

用摩擦的方法使两个不同的物体带电的现象，叫摩擦起电。

在物理学中，摩擦的本质就是一个物体的某个表面与另一个物体的表面相互接触，在接触时，一个物体中的分子必然与另一个物体中的分子近距离地相互作用。发生摩擦时，一个物体的分子必然会碰撞另一个物体的分子，在碰撞过程中分子的运动就会更加剧烈起来，也就是物体更热了。而分子间撞击得激烈的话，就可能把原本束缚在原子里的外层电子撞出来，这个撞出来的电子还可能跑到另一个物体上，这就是摩擦起电。

根据原子理论，不同物质的原子束缚电子的能力不同。非导体的原子束缚电子的能力强，几乎所有电子都被束缚在单个原子或单个分子的内部，没有可自由移动的电子。当有外电场时，外电力一般不足以使束缚的电子跑出来，于是就无电流通过。

然而，摩擦时的撞击却可以使电子被拉出来参与导电，雷电就是典型的例子。

像事例中的爸爸一样，将尺子在衣服上摩擦几下，尺子就带有电子，能够吸附质量较小的碎纸屑。

做一个比较简单的实验，把两个气球吹鼓，用棉线系好，吊起来。用一件干燥的纯羊毛衣服去摩擦其中一个，使它带电以后，将两个气球放在一定的范围内，你会发现两个气球互相吸引。但是如果你用同一件干燥的纯羊毛衣服一同摩擦它们，再将它们放到一起，你会发现它们会相互排斥。

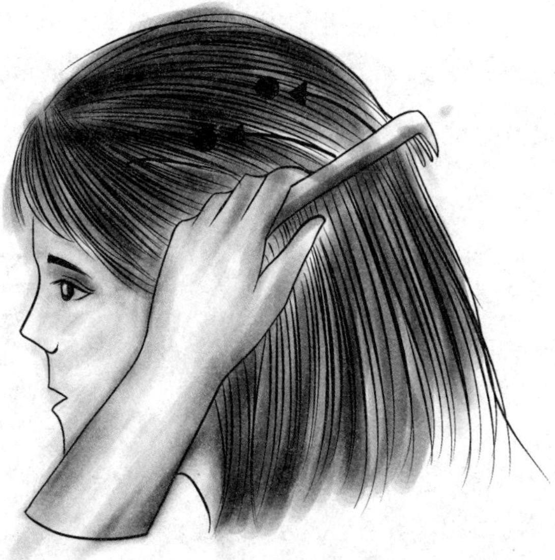

这是为什么呢?

这是由于电荷间的相互作用：同种电荷互相推斥，异种电荷互相吸引。

两个气球同样与纯羊毛衣服发生摩擦，带有同种电荷，这时将它们放在一起，势必会互相排斥。

18世纪中期，美国科学家本杰明·富兰克林经过分析和研究，认为有两种性质不同的电，叫作正电和负电。物体因摩擦而带的电，不是正电就是负电。

物理学上规定：与用丝绸摩擦过的玻璃棒所带的电相同的，叫作正电；与用毛皮摩擦过的橡胶棒带的电相同的，叫作负电。

另外，任何两个物体摩擦，都可以起电，只是电流的强弱不同而已。

奇趣小知识：

大自然中，常见的雷电是一种自然放电现象。夏季，高空中有云团在不断运动，云团交错运动，相互摩擦，从而产生大量的电荷，形成电场。由于同种电荷相排斥，所以正电荷与负电荷分别聚集到云的两端。积云所带的电达到一定数量时，就会穿过空气放电，使两种电荷发生中和并产生火花。这便是雷电现象。因为空气的电阻不均匀，电前进的形状大多曲曲折折，形成像树枝一样的光带，这就是闪电。而放电使空气振动发出声音，就是雷声。